AF216278

LOTHAR OBRECHT

HERZZEITWENDE

Kopfzeitende

Bochum/Lörrach 2018

Bibliografische Information der Deutschen Nationalbibliothek:
Die Deutsche Nationalbibliothek verzeichnet diese Publikation in der
Deutschen Nationalbibliografie; detaillierte bibliografische Daten sind
im Internet über http://dnb.dnb.de abrufbar.

Herstellung und Verlag:
BoD – Books on Demand, Norderstedt
ISBN: 9783748147701

für

Paulina - Camille

INHALT

HERZZEITWENDE

beschreibt die Folgen von Angst und Verurteilung für die persönliche Entwicklung des Einzelnen wie der Gesellschaft und wie sich durch Herzöffnung das Leben auf der persönlichen wie der gesellschaftlichen Ebene verändert.

Verändere deine innere Haltung und alles verändert sich.

D ieses Buch möge all denen, die manchmal glauben, an der Realität des Alltags und der Welt verzweifeln zu müssen, Hoffnung und Zuversicht geben, dass alles einen Sinn hat und auch die hoffnungsloseste Gesamtsituation durch die Betrachtung aus einer anderen Perspektive zu innerem Wachstum und damit innerer Fülle und Balance beitragen kann.

Es geht darum, nicht am äußeren Ereignis verhaftet zu bleiben, sondern jeweils nach der Entsprechung im Innen zu forschen und dadurch den Widerstand zum äußeren Anlass zu lösen hin zur Annahme desselben und zur neuen Entscheidung. Wenn wir davon ausgehen, dass alles einen Sinn hat, dann ist das eine gute Nachricht, denn in allem, was dir widerfährt, steckt eine Botschaft für dich persönlich, auch wenn dein Verstand das zunächst einmal nicht wahrhaben will.

Wir leben in einer Zeit - viele sprechen von einer Transformationszeit - in der die weltpolitischen, geostrategischen, ökologischen und ökonomischen Rahmenbedingungen sich immer mehr zuspitzen. Eine Zeit, die geprägt ist von Flüchtlingsbewegungen, Kriegen, Hunger und Not, religiösem Fanatismus, was nun wirklich nichts Neues ist in der Menschheitsgeschichte. Wir erleben Umweltzerstörung, Klimakatastrophen in nicht gekanntem Ausmaß, immer mehr Menschen leiden unter Isolation, Einsamkeit, der Zunahme chronischer Erkrankungen. Altersarmut, Ungleichheit durch zunehmende Konzentration des Kapitals und Eigentums auf immer weniger Menschen, während immer mehr Menschen sich immer weniger teilen müssen. Eine Zeit, in der das Ende des Wachstums-Wahnsinns naht, weil unsere Erde ausgebeutet wird. Eine Zeit der Finanzskandale und weltweiten Verschuldung durch entfesselte Kapitalmärkte, in der die Unsicherheit der eigenen Existenz auch durch die Zunahme der technischen Digitalisierung und ihre Auswirkungen auf die Arbeitswelt und Selbstbestimmung, die Abhängigkeit von der Fremdversorgung und der Konsumzwang die Menschen haltloser und rastloser macht, in der die Institution Kirche an Glaubwürdigkeit verloren hat und keine echte Orientierung mehr gibt. Da verwundert es kaum, dass sich die Angst und Haltlosigkeit eines großen Teils der Gesellschaft wiederspiegelt in den gewählten Politikern, die taumeln in der Komplexität von zur Aufrechterhaltung der alten Ordnung ausgedienten Systemkomponenten, der Machtgier und gleichzeitigen marionettenhaften Abhängigkeit von den Global Playern, den Verwaltern unfassbarer Kapitalvermögen. Dies führt zu Frust, Starre, Stillstand, Durchhalteparolen. Viele erkennen inzwischen das Dilemma.

>>Der Zusammenhalt der Gesellschaft ist gefährdet, ein Klima der Angst schafft den Nährboden für Verurteilung, Kontrolle, Abschottung, Egoismus, immer perfider werdenden Konkurrenz-Kampf, dem schon die Jüngsten zum Opfer fallen. Überforderung auf allen Ebenen.<<

Solche Sätze begleiten uns seit langem und klingen wie alte Bekannte.

Darüber vergessen wir, dass es uns zumindest in Europa materiell noch nie so gut ging wie heute, dass wir in einem nie gekannten Luxus leben, der es uns erlaubt, Antworten auf alle Probleme und Fragestellungen zu finden. Think Tanks auf der ganzen Welt arbeiten an Alternativen für

Energie, Ernährung, Ökonomie. Technischer Fortschritt, die Digitalisierung, verändertes Bewusstsein erlauben völlig neue Denkansätze und Perspektiven auf inzwischen verkrustete Systeme, die ausgedient haben. Bedingungsloses Grundeinkommen, Postwachstums- und Gemeinwohlökonomie setzen auf Vertrauen, Liebe und Mitgefühl statt auf Angst als Basis des Handelns.

Was kann der einzelne Mensch nun also tun, um nicht zu verzweifeln und sich weiter in der Verurteilung des anderen zu verlieren? Wann haben wir begonnen mit dem Wahnsinn, mehr sein zu wollen, - höher, weiter, schneller, schöner, jünger, reicher, schlauer?

Unser Ego ist es, das uns suggeriert, dass das Glück im Außen zu finden ist. Das Ego ist jedoch das Produkt eines aus Angst vor Verletzung verschlossenen Herzens und eines Verstandes, der von diesem Ego vollständig vereinnahmt wurde. Es ist das Produkt der Trennung von der Liebe am Anfang unserer Reise in der Polarität. Das Ego ist das, was dich von dem, der du eigentlich bist, trennt; nämlich deinem Selbst, deinem wahren Wesen, deiner Essenz. Es ist dein größter innerer Kritiker, der dir ständig einredet, dass du deine innere Leere nur im Außen füllen kannst durch Leistung, Erfolg, Fleiß, Kampf und Anstrengung. Dabei wirkt dieses Ego aus dem Unbewussten über den Verstand, der erfahrungsgeleitet und somit gesteuert über die Verletzungen des inneren Kindes das Denken übernimmt.

Die Apachen sagen:

Der weiteste Weg, den du gehen kannst, ist der vom Verstand zu deinem Herzen.

Wir leben in einer Gesellschaft der verschlossenen Herzen.

Wenn wir, wenn immer mehr Menschen bereit sind, ihre Herzen zu öffnen, in allererster Linie für sich selbst, dann ändert sich alles. Anhand meiner eigenen recht gewöhnlichen Erfahrungen eines ‚Durchschnittsmenschen‘ möchte ich darstellen, wie es dazu kam, dass ich begonnen habe, mein Herz zu öffnen und einen neuen Weg zu gehen, nachdem ich erkannt hatte, dass das, wonach ich mich sehnte, was ich mir so sehr wünschte im Außen ohne den Weg nach Innen nicht zu bekommen war.

Deshalb schildere ich im ersten Teil des Buches, wie ich die Welt der Kindheit, Jugend und auch als Erwachsener aus meiner Sicht eines Bedürftigen, Suchenden wahrgenommen habe. Das geht oft auch auf Kosten der Objektivität, mit denen die Menschen und Ereignisse geschildert werden und ist doch exemplarisch für jeden von uns, deren Erwartungen und Sehnsüchte nicht immer erfüllt werden. Durch unsere Lebenserfahrungen werden wir mehr und mehr objektiviert und zum Opfer der Umstände, in denen wir leben.

LOHNT ES SICH EIGENTLICH, ZU LEBEN ODER IST ALLES NUR ILLUSION?

Kindheit

Ich war der Mittlere von 3 Söhnen meiner Eltern. In meiner Kindheits-Erinnerung war bereits mein Name das erste, was ich vehement ablehnte: Lothar.

Was um alles in der Welt hat meine Eltern dazu bewogen, mir diesen Namen zu geben? Lothar. Nein, ich war nicht Lothar, ich habe mich nicht gefühlt wie jemand, der so heißt, ich wollte das nicht. Und dann war da noch nicht einmal ein Zweitname als Ausweichmöglichkeit. Ich war verdammt dazu, mit diesem Namen durch mein Leben zu gehen! Lothars waren in meiner Vorstellung fett, blass, picklig, peinlich, Scheiße eben! Ich wollte besonders sein, kein Held, aber cool, lässig, beliebt, begehrt, - nur, welches Mädchen sollte schon einen Lothar begehren? Wie um Himmels Willen sollte sich meine Traumfrau in jemanden verlieben, der so heißt? Unmöglich! Wenn ich nach meinem Namen gefragt wurde, habe ich mich geschämt, selbst Stefans, Thomas, Jürgen und Detlefs habe ich um ihren Namen beneidet.

Damals hießen die Stars in den Kinofilmen Robert, John, Paul, Warren, James und selbst in den billigen 3-Groschen-Liebesromanen Frank, Christian, Richard, während für Lothars höchstens eine unattraktive, meist belächelte Nebenrolle blieb. Und selbst einer der besten Fußballer der Welt schaffte es nicht, dem Namen einen würdevoll klingenden Anstrich zu geben. Er ist bis heute eine Witzfigur, die schallendes Gelächter provoziert. Gerne wird der Name dann noch gewürzt mit einem laschen d statt t, das dem Namen den Anstrich von Vollpfosten, Dummschwätzer, Depp verpasste: Loddda!

Das klingt vielleicht banal, aber als Kind hat mich das beschäftigt, ich habe mich dadurch minderwertig gefühlt. Was Erwachsene meist unterschätzen ist, dass Kinder oft durch scheinbar banale Ereignisse, Umstände, Situationen oder Bemerkungen, die aus der Sicht eines Erwachsenen ‚kaum der Rede wert' sein mögen, verunsichert oder sogar traumatisiert werden können. Deshalb ist es für Kinder von unschätzbarem Wert, vor allem von seinen direkten Bezugspersonen, auch dann ernst genommen zu werden, wenn es sich aus der Sicht des Erwachsenen nur um eine Banalität zu handeln scheint.

Aber das sollte nicht mein letztes Nein sein zu dem, was eigentlich schon da war. Irgendetwas, besser gesagt ganz viel fühlte sich für mich nicht richtig an in meinem Leben und mit mir. Ich fühlte mich wie der eigentlich richtige Mensch am falschen Platz, am falschen Ort. Und das zog sich wie ein roter nicht enden wollender Faden durch mein Leben. Falsch, nicht richtig, falsch, nicht richtig. ‚Seltsamerweise' wurde mir das dann auch immer wieder bestätigt. Mein Leben verlief partout nicht so wie ich es gerne gehabt hätte. Verdammter Mist aber auch, warum nur?

In der Kindheit konnte ich mein ‚Unglück' noch dadurch deckeln, dass ich als Träumer durch den Tag wandelte und wenn ich mal nicht träumte, dann konnte ich Aufmerksamkeit gewinnen, indem ich meine durchaus vorhandenen Talente zeigte; zumindest bis zum Ende der Grundschulzeit fiel mir auch tatsächlich vieles zu. Im Sport war ich echt gut und nicht zuletzt dadurch recht beliebt, hatte ein paar Kumpels, mit denen ich rumzog. In der frühen Kindheit habe ich gar nicht richtig realisiert, dass z.b. mein Vater für mich emotional überhaupt nicht verfügbar war und meine Mutter, neben der Verantwortung für 3 lebhafte Jungs und dem Haushaltsmanagement, vorwiegend damit beschäftigt war, es meinem Vater recht zu machen. Wir, d.h. meine 2 Brüder und ich, haben funktioniert und das gemacht, was Jungs in diesem Alter eben tun. Da wir zu dritt und immer auf der Straße unterwegs waren beim Fahrradfahren, Fußball spielen usw., haben wir nicht bewusst wahrgenommen, wie wenig unser natürliches kindliches Bedürfnis nach Liebe und Aufmerksamkeit, liebevoller Führung durch den Vater gestillt wurde. Und wenn ich mal im Mittelpunkt stehen und verwöhnt werden wollte, dann war ich bei Oma und Opa, die ich über alles geliebt habe.

In der Freud'schen genitalen Entwicklungsphase des Heranwachsenden, der Pubertät, kam die Sehnsucht nach dem bis dahin eher ignorierten, fremden Wesen: Mädchen, das andere Geschlecht, das ich mit Oma und Mama nicht wirklich unter einen Hut bringen konnte. Da entstand die Sehnsucht nach dem Unerreichbaren. Und der Vergleich mit den Geschlechtsgenossen, die sich seit 2 Jahren rasierten und deren Bartwuchs wucherte, während ich blank wie ein

Baby-Popo ängstlich auf die ersten zarten Haare lauerte, - und die Momente der Offenbarung nach den Sportstunden unter der Dusche. Dennoch war ich damals überzeugt, dass ich irgendwie besonders war, attraktiver und interessanter als alle anderen Jungs meines Alters. Und ich konnte nicht verstehen, dass die Mädchen, die ich heimlich anhimmelte, das offenbar nicht bemerkten und sich dann mit Typen abgaben, die ich als weit, weit unter meinem Niveau empfand, während die anderen Mädchen, die mir nachstellten, mich null interessierten. Was lief denn da falsch? Was hatte ich nicht kapiert? Die Einzigartigkeit, die ich in mir fühlte, wurde nicht ausreichend gewürdigt. Meine Sehnsüchte wurden nicht gestillt und mein Selbstwertgefühl begann zu schrumpfen. Hinzu kam, dass ich mich im Vergleich zu meinen Klassenkameraden und Freunden in einem für mich damals wichtigen Punkt benachteiligt fühlte. Ich war der einzige, der kein eigenes Zimmer hatte; ich musste mir ein 9 qm-Zimmer mit meinem jüngeren Bruder teilen, während alle anderen ihr eigenes Reich hatten. Und meine Eltern waren auch nicht gerade das, was man cool und befreit nennen würde wie die sogenannte 68er Generation von Eltern, die sich damals ja vehement gegen das Establishment, wozu auch deren eigene Eltern gehörten, auflehnten. im Gegenteil. Mein Vater war mir oft sogar peinlich. Ich habe ihn manchmal geradezu verachtet, nicht nur weil er meine Mutter auf eine für mich egoistische Art vereinnahmte. So sah er es z.B. nicht gerne, wenn er abends von der Arbeit nach Hause kam und ich hatte noch Besuch von einem Freund. Immer musste ich dann meine Freunde irgendwie loswerden. Wir mussten still sein, sollten nicht so laut lachen, nicht rumalbern usw. Ich habe das nicht verstanden. Warum konnte er sich nicht einfach freuen, wenn es uns gut ging? Wenn er zu Hause war, dann gab es nur ihn und seine Probleme und Sorgen, und alle anderen, einschließlich meiner Mutter, waren unwichtig und hatten zu funktionieren, die Klappe zu halten und seine Launen zu ertragen. Er hat uns und unsere Probleme nicht wahrgenommen und wollte auch gar nichts davon wissen, weil er der Meinung war, dass wir doch alles hatten und solange der Ernährer im Haus war, allein er im Zentrum der Aufmerksamkeit zu stehen hatte. So fühlte ich mich oft klein und hilflos, abhängig und ohnmächtig, unwichtig und einsam. Unter diesen Umständen habe ich rückblickend sehr gelitten und gleichzeitig war es mir irgendwie peinlich, dass ich darunter gelitten habe. Ich war mir selbst peinlich, habe mich schuldig gefühlt, weshalb ich meine nicht befriedigten Bedürfnisse immer eifrig unter den Teppich kehrte bzw. mich mit der Aussicht auf spätere Erfüllung, wenn ich einmal groß und unabhängig sein würde, begnügt habe. Und so begann ich mein Herz zu verraten und Glück, Freude, Sehnsucht nach Geborgenheit in die Zukunft zu verschieben, mich mit kleinen Inseln der Glückseligkeit über Wasser zu halten.

Diese kleinen Inseln der Glückseligkeit lagen für mich darin, mich, sooft es eben ging, zu verpissen, allerdings ohne meine Verpflichtungen wirklich zu vernachlässigen oder Anlass zur Sorge für meine Eltern zu geben. Das einzige, was leiden musste, war Latein. In Latein war ich eine Niete. Ich hab nicht gelernt und nicht kapiert und infolge dessen versagt. Das war insofern folgenschwer, dass ich begann, an meinen kognitiven Fähigkeiten zu zweifeln, wofür ich bis dahin eigentlich keinen Anlass gehabt hatte. Das Abitur war dennoch nicht in Gefahr, jedenfalls nicht wirklich.

Mein Verpissen bestand darin, jede Gelegenheit zu nutzen, auswärts zu übernachten, z.B. bei Oma oder bei Freunden und auch dort viel Zeit zu verbringen, um mich möglichst oft der gefühlt bedrückenden und spießbürgerlich eher intoleranten Atmosphäre meines Elternhauses zu entziehen. Auch die Schule, zumindest das Gymnasium, auf das ich ging, bedrückte mich. Nichts von dem, was uns da aufgezwungen wurde an Lerninhalten, interessierte mich. Die Lehrer fand ich größtenteils ätzend, einige fanden mein Mitgefühl. Die Schuld suchte ich aber meist bei mir. Irgendetwas musste mit mir nicht stimmen.

Mit all dem Frust, der Wut und Ohnmacht, den Schuld-, Scham- und Kleinheitsgefühlen ging ich durchs Leben, wie so viele andere auch, aber ich hatte immer das Gefühl, ganz besonders vom Schicksal gebeutelt zu sein, was den Rucksack auf meinen Schultern schwerer werden ließ.

So wurde also Brüderchen Frust mein treuer Begleiter und meine Kindheit und Jugend im Rückblick eher unerfreulich, eben etwas, was ich schnell vergessen wollte auf dem Weg in eine bessere Zukunft als unabhängiger Volljähriger. Dann stünde meinem Glück und der Erfüllung meiner Sehnsucht nichts mehr im Wege, oder?

Tja, ich hatte eben keine Ahnung, wie das Leben funktioniert. Es würde schon alles gut gehen und alle meine Träume würden sich erfüllen, ganz nach dem einfältigen Motto: Alles wird gut! Immer schön funktionieren, seinen vermeintlichen Pflichten und Verantwortungen nachkommen, Erwartungen erfüllen, zur Not auch mal zum Gottesdienst in die Kirche gehen, Taufe, Beichte, Kommunion, Firmung, irgendwann Heiraten, um angeblich Gottgewollte Sakramente abzuarbeiten, gesellschaftliche Normen zu erfüllen und bloß niemanden zu verletzen, dann muss doch eigentlich irgendwann alles gut werden. Du machst Abitur, gehst zur Bundeswehr, Lehre, Studium und du bist der King, die Kohle fließt, die Frauen reißen sich um dich und alle lieben dich. Das war doch damals die landläufige Meinung des dressierten Normalmenschen unserer westlichen Gesellschaft. Und bloß keine verbotenen Dinge tun, aus der Reihe tanzen, Drogen nehmen, schlechte Noten nach Hause bringen, Faulenzen oder sonstige gesellschaftlich inakzeptablen Attitüden aufkommen lassen. So sind wir doch größtenteils erzogen worden, die Babyboomer.

Heute klingt das für mich wie eine Anleitung zum Unglücklich sein. Funktionieren, das Herz verschlossen und verraten, Arschbacken zusammengekniffen, - das perfekte Selbstunliebeprogramm! Millionenfach praktiziert, von Politik, Gesellschaft und Religion abgesegnet. Bloß keine Eigenverantwortung, erfülle deinen Marschbefehl und du hast dir wenigstens nichts vorzuwerfen, wenn trotzdem alles den Bach runter geht.

Und diejenigen, die sich nicht an die Normen und Regeln gehalten haben, die ausgebrochen sind, die ihr Ding gemacht haben, die "Leckt mich am Arsch Ihr verfickten Spießer mit eurer Pseudomoral und schlauen Sprüchen und Bauernweisheiten" gesagt haben, die haben mich damals einerseits erschreckt, andererseits hab ich sie bemitleidet als verkrachte Existenzen, die sich irren, - und am Ende war ich die verkrachte Existenz auf Irrwegen.

Aber auch ich suchte nach Auswegen aus dem bürgerlichen Mief, aus dem vorkonfektionierten 0815-Leben, dem Einheitsbrei der Normalfamilie, des Normalmenschen. Und wie jeder Teenager suchte ich nach Orientierung und fand sie im ‚American way of life' und der amerikanischen Westcoast-Musik der 70er Jahre. Begonnen hat eigentlich alles mit Elvis nach dessen Tod am 16.08.1977. Ich war 13 und bis dahin eher Schlager-verseucht. Und dann wurde ich auf Elvis aufmerksam und war begeistert von seinem Werdegang und seinem Mut, in einer vollkommen entsexualisierten Gesellschaft der 50iger Jahre in Amerika einen rauszuhauen. Nicht nur, dass er die schwarze Musik, den

Blues, den Gospel und den Rock'n Roll eines Little Richard oder Chuck Berry mit Macht in die weiße verlogene Gesellschaft schleuderte, er öffnete auch Schleusen für die Resexualisierung des restlos verklemmten Bürgertums, nicht nur in Amerika. Das hat mich schwer beeindruckt, obwohl Elvis ja eine ganze Generation vor mir dran war. Aber er hat auch meine Heroes der 70er Jahre und danach bis zu Michael Jackson und Prince nachhaltig beeinflusst. Jedenfalls stand die amerikanische Musik der 70er/80er Jahre im Kontrast zur englischen Pop- und Elektropopmusik von Depeche Mode, Spandau Ballet, the Cure, Tears for Fears, Level42, Frankie goes to Hollywood, Pet Shop Boys usw., die ja auch nicht zu verachten waren. Depeche Mode mochte ich nie, bis heute nicht, weil alle sie so toll fanden. Ich empfinde die Musik von Depeche Mode als kalt, ohne Groove, stand immer mehr auf die Blues-, Rock-, Country-, Folk-, Jazz-, Funk-Mischung der Amis. Joni Mitchell, Eagles, Crosby Stills Nash & Young, Clapton, Dylan, Cocker, Hendrix, Toto, Stones, Christopher Cross, Robben Ford, Van Halen und Kurt Cobain, Fleetwood Mac oder Jackson Brown waren mir näher als die Beatles, Genesis, Pink Floyd und The Who. Bei Queen hab ich eine Ausnahme gemacht. Die waren einfach groß.

Deutsch-Rock lehnte ich aus Prinzip ab. Schlager, Volksmusik, Wecker, Lindenberg, Westernhagen, Grönemeyer ebenso. Heute bin ich da viel offener, aber damals musste man sich positionieren auf der Suche nach Orientierung. Ich weiß noch, dass meine Freundin anfangs der 80iger Jahre Konstantin Wecker gut fand. Ich hätte sie deswegen fast verlassen, empfand es als Verrat.

Hinter meinem Bedürfnis nach Orientierung stand, mich irgendwo zugehörig zu fühlen, die Sehnsucht nach Geborgenheit. Ich fand ein wenig davon in der Musik. Aber im Grunde fühlte ich mich immer eher einsam, ein Außenseiter, ausgeschlossen, auch in der Gruppe, auf Parties, Feiern, Festen. Wenn ich ein Mädchen toll fand, hab ich mich nie getraut, sie anzusprechen, nicht einmal, wenn ermunternde Signale von ihr ausgingen. So verpasste ich Chance um Chance. Die Mädchen, mit denen ich zusammenkam, haben immer selbst die Initiative ergriffen. Meine Angst vor Ablehnung war einfach zu groß, ich konnte nicht über meinen Schatten springen, - den Schatten meiner Selbstablehnung. Je stärker meine unbewusste Selbstablehnung wurde, je größer die Schuld und Scham, umso stärker wurde meine Blockade durch die Angst vor Misserfolg.

Woher unsere Selbstablehnung tatsächlich kommt, die Scham, Schuld, Kleinheit, Minderwertigkeit, Trauer, Angst, ist uns meist nicht bewusst, aber diese unterdrückten Emotionen binden unsere Energie, unsere Lebensfreude, sie verhindern, dass wir unser Potenzial entfalten.

Die Ursachen mögen in der Kindheit liegen, in Traumatisierungen, von Eltern oder von Ahnen übernommenen Belastungen und Mustern, Energien, die in unseren Genen mitschwingen. Wir müssen nicht zwangsläufig die Ursache der Ursache ergründen und sämtliche Leichen in unseren Kellern ausgraben, wie es Generationen von Psychoanalytikern und Therapeuten teilweise versucht haben und noch versuchen, aber wir dürfen uns den oben genannten Emotionen selbst zuwenden. Wenn wir bereit sind, unser Herz für unsere Schattenseiten zu öffnen anstatt weiterhin übernommene Muster und trennende Urteile zu leben und Gefühle zu unterdrücken, dann können wir diese Muster durchbrechen und einen neuen Weg gehen.

VATER

Mein Vater war in meiner Wahrnehmung immer auf eine Art spießig, kleinbürgerlich, rechtschaffen, geprägt vom Mief der Pflichterfüllungsgeneration, die sich selbst hinten anstellt, ein lebenslanges Opfer seiner ,verpfuschten' Kindheit. Er war das 3. von 5 Kindern seiner Eltern. Sein Vater war Beamter, der in den Krieg ziehen musste, als mein Vater 4 Jahre alt war und zurückkam, als er 10 wurde. Er verlor seine kleine Schwester aufgrund der schlechten Versorgung während des Krieges und er musste schon sehr früh erwachsen werden, Verantwortung für seine Geschwister übernehmen. Während die beiden älteren Geschwister die Schule weiter besuchen durften, war für meinen Vater aufgrund der Kriegswirren und schwierigen wirtschaftlichen Verhältnisse diese bereits nach 8 Jahren, die auch noch durch die Kriegsereignisse unterbrochen wurden, zu Ende. An eine weiterführende Schule oder gar ein Studium war nicht zu denken. Dafür wurde er bereits mit 10 Jahren in den Schwarzwald verschickt, wo er auf einem Bauernhof als sogenannter Hütebub Kühe hüten musste. Anstatt mit Gleichaltrigen zu spielen oder mit der

Familie in den Urlaub zu fahren, Kind zu sein, saß er ganz alleine Tag für Tag auf der Weide, um auf die Kühe aufzupassen und verbrachte die Nächte im Bauernhaus in einem Verschlag ohne Fenster, so groß wie eine Hundehütte. Später arbeitete er zeitweise in einem Skisportgeschäft und mit 14 bereits begann er eine Lehre als Installateur. Gas, Wasser, Scheiße, wie er es nannte. Es war eine Arbeit, die er nie machen wollte, der er allerdings dann bis zur Rente nachgehen musste oder glaubte zu müssen. Immerhin hat er sich vom Lehrling bis zum Geschäftsführer des ungeliebten Betriebes hochgearbeitet. Viel lieber hätte er allerdings eine Karriere als Beamter wie sein Vater eingeschlagen, aber, auch aufgrund der als Beamter in der damaligen Zeit wohl unvermeidlichen Parteizugehörigkeit des Vaters, war diese Tür verschlossen. Mein Vater war 21jährig zum ersten Mal mit einem Freund in den Urlaub nach Italien gefahren, als sein Vater, mein Opa, überraschend verstarb. Als er aus dem Urlaub nach Hause zurückkam, war sein Vater bereits beerdigt.

Für Träume, Unbeschwertheit, Erfüllung gab es kaum Platz im Leben meines Vaters. Er hat früh verinnerlicht, dass das Leben kein Geschenk ist, dass du arbeiten, krampfen musst, wie er immer sagte, dass das Leben ungerecht und er ein Pechvogel ist, der nicht das, was ihm eigentlich zusteht, bekommt. Ein Mangel- und Opferdenken, das er in jungen Jahren gerne beim Zechen und beim Fußball mit seinem geliebten jüngeren Bruder Rolf verdrängte. Als Rolf dann im Alter von 34 Jahren infolge eines Arbeitsunfalls verstarb, wurde diese Einstellung zum Leben weiter verfestigt. Gefühle wie Wut, Ohnmacht, Hilflosigkeit gegenüber der Realität und Kleinheit, die er bis dahin schon so oft erfahren musste, führten dazu, dass er sein Herz endgültig verschloss. Er lebte verkrampft, immer im Unreinen mit der Arbeit und voller Verurteilungen gegenüber sich selbst und anderen. Dennoch hat er ein Leben lang hart dafür gearbeitet, die Familie zu versorgen, hat Verantwortung für uns übernommen und alles, was in seiner Macht stand dafür getan, uns ein gutes Leben zu ermöglichen.

Sein größtes Glück war meine Mutter, die er, als sie 16 war, kennenlernte und 4 Jahre später heiratete, um dann 56 Jahre an ihrer Seite zu verbringen. Ihre Liebe hat ihn getragen, auch oder ganz besonders, als sein Körper begann zu reagieren. Seitdem umsorgte sie ihn liebevoll, opferte sich für ihn auf und ertrug all seinen Zorn, seine

Ungerechtigkeiten, sein Jammern und Klagen über die Arbeit in für mich nicht nachvollziehbarer Geduld und Nachsicht. Wie sein Herz waren irgendwann seine Arterien verschlossen und er musste schließlich durch die moderne Medizin am Leben erhalten werden.

Sein krankheitsbedingter Leidensweg dauerte über 20 Jahre, in denen er aufgrund von chronischen kardiovaskulären Erkrankungen und schwerer Arthrose unzählige Operationen erdulden musste. Sein Körper, seine Blutbahnen wurden am Ende von mehr als dreißig Stents durchpflügt, Herzklappen-OP, mehrere Beipass-Operationen, künstliche Hüftgelenke, immer wieder Komplikationen aufgrund von Komorbiditäten, angefangen von Lyse-Unverträglichkeiten bis hin zu Kompartment Syndrom, offene Beine, Sepsis, schlecht heilende Wunden, das volle Programm. Am Ende seines Lebensweges ereilte meinen Vater dann ein Schlaganfall. Als Folge eines Blutgerinnsels in der arteria basilaris, kam es zu einer fatalen Minderdurchblutung des Hirnstamms, weite Teile seines Gehirns waren beschädigt. Die Hirnrinde, besonders da, wo das Sehzentrum sich befindet, das Kleinhirn, der Thalamus, Gehirnregionen beidseits des Hirnstamms. Mein Vater konnte nicht mehr sehen, sprechen, schlucken, die rechte Körperhälfte war gelähmt, die linke überwiegend auch. Ein Weiterleben wäre ein Leben als Schwerstpflegefall gewesen. Es war eine niederschmetternde Diagnose, besonders für meine Mutter. Nach 10 Tagen Hoffen und Bangen wurde er von seinem Leiden erlöst und starb im März 2018.

Was bleibt von einem Leben? Ein hervorragend aufgeräumter Keller, eine aufgeräumte Garage, ein paar Briefmarken, Münzen, Klamotten, Schuhe, Fotos, Bilder, Bücher und Erinnerungen. Ein Grab mit einem Kreuz und dem Namen darauf, bepflanzt und begossen, eine Zeitlang. Ende. Aus. Und wenn du berühmt oder eine öffentliche Person warst, vielleicht ein Straßenname und eine Bronzestatue, ein Bild im Rathaus, Filme und Zeitungsartikel.

Was soll einmal auf meinem Grabstein stehen? Es hat nicht sollen sein? Was, wenn es uns nicht gelingt, aus der Konsum- und Wachstumsspirale auszusteigen und Frieden zu finden? „Ich wäre noch gerne nach Timbuktu geflogen und hätte mir noch gerne den Ferrari xyz gekauft und das I-Phone 20 getestet?" Wenn es nie genug ist, bleibt immer ein ‚hätte sollen', ‚wäre gewesen' übrig.

Die Generation unserer Eltern, der Eltern der Baby-Boomer hat zweifelsfrei eine Menge geleistet, was es zu würdigen gilt. Sie haben, wie man so schön sagt, Deutschland aus den Trümmern des Weltkriegs wieder aufgebaut und mit Hilfe des Marshall-Plans und gut ausgebildeter fleißiger Menschen zum Exportweltmeister gemacht, den Schmähbegriff Made in Germany zum Gütezeichen geformt. Sie waren fleißig, haben geschuftet, sich aufgeopfert und viele sind darüber hart zu sich selbst, manchmal verbittert geworden, haben früh ihr Herz verschlossen, verdrängt, versucht zu vergessen, waren rechtschaffen, fromm, diszipliniert, haben funktioniert. Sie waren erfolgreich, erlebten einen ungebremsten materiellen Aufstieg und doch drängt sich manchmal der Eindruck auf, dass viele dieser Generation nicht glücklich wurden, nicht ihre Erfüllung gefunden haben und am Ende krank wurden, in Alten- und Pflegeheimen oft allein und einsam sterben, wenn sie es nicht geschafft haben, ihr Herz offen zu halten für sich selbst und andere, Herzverbindungen aufzubauen. Sie haben gelernt zu kämpfen, aber niemand hat ihnen beigebracht, besonders in der Kindheit, dass sie so wie sie sind, richtig sind, dass Liebe ihr eigentliches Wesen, ihre Essenz ist. Nein, auf diese Idee wäre man doch gar nicht gekommen.

MUTTER

Meine Mutter habe ich immer auf einen Sockel gestellt wie einen Engel. Sie war schön und von einer zerbrechlichen Zartheit und Anmut. Von früher Kindheit an war für mich klar, dass ich sie beschützen musste, auch vor meinem Vater. Ich habe nie etwas Schlechtes über sie gesagt und habe mich, solange ich denken kann, für sie verantwortlich gefühlt.

Meine Mutter hat alles getan, um die Familie zusammen-zuhalten, den Frieden zu wahren, der immer eine Illusion war. Sie hat ihren eigenen Platz nicht wirklich gefunden. Als sie mit meinem älteren Bruder schwanger war, war sie selbst fast noch ein Kind. Ein Kind, das gelernt hatte, zu funktionieren, sich um andere zu sorgen, zu kümmern, Verantwortung zu übernehmen; immer für andere, nie für sich selbst. Das geht bis heute so. Es ging nie um sie. Also ist sie nie bei sich angekommen, hat die Selbstliebe ganz selbstverständlich hinten angestellt.

Meine Mutter ist als Einzelkind aufgewachsen, im Krieg, mit einer damals kränklichen Mutter und einem abwesenden Vater, der Soldat war und am Ende des Krieges in französischer Gefangenschaft saß. Eine für so viele Frauen und Kinder dieser Generation entbehrungsreiche Zeit der Besatzung durch die Siegermächte des 2. Weltkriegs, in der die Mütter ihre Familien irgendwie durchbringen mussten und die Kinder oft den Mangel an Waren zur Deckung der Grundbedürfnisse wie z.B. Brot, Bekleidung oder Medikamente erfahren mussten. Bis heute wird bei meiner Mutter kein Brot weggeschmissen. Nach dem Krieg und Jahren der Gefangenschaft kam der Vater nach Hause und wie viele andere Heimkehrer hat er allzu oft versucht, sich das Leben schön zu trinken bzw. das Erlebte mit seinem aus Russland heimgekommenen Bruder zu vergessen. Meine Mutter hat einmal erzählt, dass sie als Kind nachts aus dem Bett aufstehen und meinem Opa und seinen Trink-Kumpanen auf der Handorgel bis in die Morgenstunden vorspielen musste. Ich konnte das nie glauben, weil ich meinen Opa doch so geliebt habe.

Mit 14 hat sie nach der Volksschule eine Ausbildung zur Friseurin gemacht. Das Geld, das sie verdiente, durfte sie zu Hause abgeben, um die Familie durchzubringen. Mit 16 lernte sie meinen Vater kennen. Zu keiner Zeit in ihrem

Leben war es ein Thema, welches Potenzial in ihr steckte, welche Wünsche, Träume, Sehnsüchte in ihr schlummerten. Ihre Begabungen, ihre Empathie, ihre Kreativität, all ihre Fähigkeiten wurden in ihrer Rolle als Ehefrau und Mutter von drei Kindern absorbiert. Ihr Lebensmuster war und ist Fürsorge und Pflege. Bis heute wird nicht nur die Rolle als Mutter unterschätzt, auch die vielen sonstigen unbezahlten Engagements in der Nachbarschaft oder der Pflege und Betreuung von Angehörigen erfahren nicht die Wertschätzung durch die Gesellschaft, die sie verdient hätten.

Ich wollte meine Mutter mehr für mich haben. Schon in meiner Kindheit habe ich mir immer gewünscht, Zeit mit ihr zu verbringen. Bis heute habe ich mir wieder und wieder vorgestellt, sie einmal ein paar Tage allein für mich zu haben, mit ihr zu verreisen, irgendwohin in ein schönes Hotel, sie richtig zu verwöhnen. Doch bis heute, und sie ist inzwischen 77 Jahre alt, war das nicht möglich, da sie meinen Vater nie allein lassen konnte, auch jetzt nicht, da sie ihn täglich auf dem Friedhof besucht. Inzwischen besuche ich sie so oft wie möglich.

Trotz aller Widrigkeiten haben unsere Eltern es geschafft, 3 Jungs großzuziehen, alle haben Abitur gemacht und studiert; irgendwann haben die Eltern ein Haus gebaut, in dem meine Mutter bis heute lebt. Es ging wirtschaftlich stets bergauf durch zum Teil schwierige Zeiten, aber wir Kinder mussten nie Not leiden und waren immer gut versorgt.

Das Wort ‚Karriere' klingt für mich völlig fremd. Das ist etwas für die Anderen. Damit hab ich nichts zu tun. In meiner Familie macht man keine Karriere. Karriere klingt nach einem klar definierten eigenen Weg, einem Aufstieg in berufliche Höhen, nach Erfolgsleiter, Auszeichnungen, Ehrungen, finanzieller und persönlicher Anerkennung, Netzwerk und Beziehungen usw. Und es hat etwas mit Berufung zu tun.

Aber was war meine Berufung? Nach dem humanistischen Abitur fand ich mich bei der Bundeswehr wieder und hatte nicht die geringste Vorstellung, was meine Berufung sein könnte. Nullkommanull. Den Traum, Hubschrauberpilot bei der Bundeswehr zu werden, hatte ich nach einer halben Stunde in diesem Irrenhaus ad acta gelegt und damit war meine Zukunftsplanung auch schon am Ende. Ein Netzwerk habe ich mir auch nie aufgebaut; dieses Beziehungen Knüpfen, Kontakte Pflegen und alles, was dazu gehört, war für mich immer Speichelleckerei, Arschkriecherei, was natürlich Unsinn ist, aber so habe ich das persönlich empfunden. Sich vordrängeln, aufdrängen, in den Vordergrund schieben, das alles war in unserer Familie verpönt. Wir waren es von jeher gewohnt, uns hinten anzustellen, die Klappe zu halten. Die alte Vorstellung von Bescheidenheit sei eine Zier, und Kleinheitsdenken steckte wohl dahinter.

Vor dem Abitur hätte ich mir vorstellen können, Arzt zu werden, Tierarzt vielleicht. Dafür waren meine Noten jedoch zu schlecht und ich zu doof, dachte ich jedenfalls. Geschichte, Englisch und Sport auf Lehramt zu studieren war ebenfalls eine Option. Angesichts der Lehrerschwemme der 80er Jahre hab ich mir das auch schnell ausgeredet bzw. ausreden lassen. Musik war brotlose Kunst, wie mir meine Eltern bestätigten. Ich spielte damals mit meinen Kumpels in einer Band; das war rückblickend die kreativste und vielleicht glücklichste Phase in meinem Leben. Wir fühlten uns besonders, fanden gewisse Anerkennung und Bewunderung und hatten jede Menge Spaß.

Genau wie heute hat man auch damals schon in der Schule nichts über das Leben gelernt, nichts darüber gelernt, wie das Leben funktioniert. Ich wäre niemals auf die Idee gekommen zu glauben, dass ich, so wie ich war, in Ordnung sein könnte. Auch damals, und daran hat sich bis heute nichts geändert, wurde uns in der Schule klargemacht, dass wir etwas aus uns machen müssten, also ‚nichts' waren, von Lehrern, die in meinen Augen größtenteils ausgemachte Pappnasen waren. Folge war die totale Orientierungslosigkeit, zumindest was mich betraf. Leider beobachte ich dieses Phänomen der Orientierungslosigkeit am Ende der Schulzeit noch mehr als damals bei vielen heutigen Schülern. Das Schulsystem hat sich ja auch nicht grundlegend verändert. Bis heute wird in den Schulen jede Menge sinnloses Wissen mit der Gießkanne über Individuen wie über eine gleichförmige Masse gegossen, anstatt das Potenzial des einzelnen jungen Menschen zu entdecken und zu fördern. Es gibt seit Jahrzehnten unzählige sinnvolle Ansätze, wie man das Schulsystem reformieren könnte, und damit ist nicht dieser G8 - G9 - Unsinn gemeint, aber wie andere Systeme in unserer Gesellschaft hat auch das Schulsystem einen Grad an sinnloser und festgefahrener Komplexität durch Bürokratie und verklebte Strukturen, sich selbst blockierenden Instanzen und Selbsterhaltungsmechanismen entwickelt, dass revolutionäre Denkansätze im Keim erstickt werden. So ist es mit allen veralteten Organisationen, sie werden zu unbeweglichen Kraken, bis eine neue Denkweise, eine neue Generation kommt, die sich weiterentwickelt hat, die alten Strukturen ganz niederreißt und etwas Neues entstehen lässt. Viele Menschen haben das bereits erkannt, es gibt neue Ansätze, aber es bedarf eben einer grundlegenden gesellschaftlichen Entwicklung, eines grundlegend neuen Bewusstseins, nicht nur im Bildungssystem, sondern in Bezug auf das gesamte Menschenbild. Ich komme später darauf zurück.

Mit meiner auf die Schulzeit folgenden ‚Karriere' möchte ich dich, den bis dahin geneigten Leser, nur insoweit belästigen, als sie mir als für viele Werdegänge typisch und exemplarisch erscheint. Es war ein Weg, der meiner Empfindung nach an Belanglosigkeit nichts zu wünschen übrig ließ, dafür alles an Glamour und Ekstase. Von einer anscheinend unvermeidbaren Station zur nächsten führte er mich in die Wirtschaft, die Heimat der Händler, Feilscher und Krämer, der Besserwisser in einem Meer von Ignoranz, Humor- und Lieblosigkeit. Das jedenfalls war meine Wahrnehmung dieser Welt. Ich bewegte mich durch diese Welt wie ein Alien, der nicht fassen konnte, dass das schon alles gewesen sein sollte, unfähig, einen Schnitt zu machen, auszusteigen aus diesem elenden Zug der gefühlten Freudlosigkeit. Unterwegs wollte ich oft nur zu gerne alles hinschmeißen, aber ich habe es mir nicht erlaubt, aus existenzieller Sorge und um den vermeintlichen häuslichen Frieden meiner Eltern nicht zu gefährden, denn mein Vater pflegte statt mich immer meine Mutter unter Druck zu setzen, wenn ich vom freudlosen Weg aus Pflicht und Verantwortung abkommen wollte, den er für richtig und normal hielt. Nach einer völlig überflüssigen Zeit bei der Bundeswehr, die ich niemandem empfehlen würde, machte ich zunächst eine Lehre als Einzelhandelskaufmann in einem großen Bekleidungshaus. Das war wahrscheinlich die bekloppteste Idee in meinem Leben, wo ich es doch schon immer vermied, mich in solchen Geschäften aufzuhalten. Shopping war nie mein Hobby, aber ich hatte, naiv wie ich damals nach der Bundeswehr war, auch nicht damit gerechnet, als Verkäufer den ganzen lieben langen Tag hinter den potenziellen Kunden herrennen zu müssen. Vielmehr dachte ich an eine Tätigkeit in einem langweiligen Büro. Das Unglück nahm seinen Lauf.

Um weiterzukommen absolvierte ich ein Studium zum Betriebswirt, wechselte danach in die Bekleidungsindustrie als Einkäufer, aber auch das machte mich nicht zufriedener, also Ingenieurstudium, Bekleidungsfertigungsingenieur. Eigentlich studierte ich, um nicht zu arbeiten und in der Hoffnung, vielleicht ganz oben anfangen zu können. Diese Hoffnung erfüllte sich natürlich nicht. Beim Studium selbst war ich kaum anwesend, lediglich zu den Klausuren kam ich an der Fachhochschule vorbei und um am Ende die Diplomarbeit abzuliefern. Ein Werdegang, der mit dem, was in mir steckte, mit meinem wahren Potenzial, nicht viel zu tun hat. In der Branche habe ich zunächst auch keinen Job bekommen, bin auf Umwegen über verschiedene mehr oder weniger erfreuliche Tätigkeiten in Speditionen, Vergnügungsparks, Druckereien, IT, Elektronik, Automotive Industrie usw. in einer beratenden Funktion als Business Process Consultant für Unternehmenssoftware einer weltweit agierenden Software-Schmiede aus dem badischen Walldorf wieder in der Bekleidungsbranche gelandet.

Niemals zuvor oder danach ist mir eine derart geballte Ladung von Misstrauen, Missgunst, Kontrollwahn und Angst bei gleichzeitiger Selbstüberhöhung begegnet wie im Dunstkreis eines IT-Software-Einführungs-Projekts. Dort scheint geradezu eine Verdichtung von im beruflichen Alltagsbetrieb teils noch verdeckten Projektionen der Emotionen verletzter innerer Kinder stattzufinden. Ein IT-Projekt als Gipfel der Entfremdung des Menschen vom Produkt seiner Arbeit ist von dieser seiner Natur her schon eine herzlose Angelegenheit. Was ich dann zumeist erlebt habe, ist eine Atmosphäre des zum Erfolg verdammten Dahinwurschtelns und damit vorprogrammierten Scheiterns.

Erfolgreich abgeschlossene IT-Projekte zeugen von erwachsener, herzoffener und damit annähernd wahrhaftiger Teamatmosphäre und sind daher eher eine Seltenheit. Auch die neuesten Methoden der Projektsteuerung von Agile Leadership, Scrum, Prince2 usw. haben in einer derartigen Energie keine Chance, wenn Angst, Missgunst und Machtchauvinismus, Eitelkeit, Misstrauen und Druck am Ruder sind. So wurde seitens unserer Kunden selten ein Zweifel daran gelassen, wie sehr sie doch dieses Projekt bei ihrer eigentlichen Arbeit behinderte und wie sehr man die Berater im Haus verachtete, wegen der horrenden Honorare geradezu hasste. Und häufig wurde man deshalb hin und her geschoben von einem dunklen Verlies ins nächste, Baucontainer mit Zugluft, Lüfter und Heizgebläse waren Standard. Mein Highlight war ganz zu

Beginn meiner Beratertätigkeit, als wir in einem ebensolchen Baucontainer mit acht Beratern nebeneinander wie die Hühner auf der Stange an eine Wand gepfercht saßen und das über mehr als ein ganzes Jahr, ohne Heizung und Klimaanlage, wohlbemerkt in dunklem Anzug und Krawatte. Termindruck, Leistungsdruck, Reisezeit, Abwesenheit von Familie und Freunden, Hotelleben, schlechtes Essen, abends Einsamkeit, innere Leere, Magen-Darm-Probleme, ständige Kritik, Kontrolle, selten Lob. – Manche mochten das.

Es war ein Leidensweg, vergleichbar mit dem eines Sohnes, der sich gezwungen sieht, seinem Vater beruflich nachzufolgen, obwohl er keine Freude an dem Beruf hat. Ich habe das zum Teil freiwillig, aber auch immer wieder wider besseren Wissens und schlecht beraten getan und weil ich hoffte, dass es sich irgendwie zu meinen Gunsten fügen würde. Es fügt sich alles, allerdings führt Täuschung, auch die Selbsttäuschung, regelmäßig in die Enttäuschung.

Ich kam somit zwangsläufig irgendwann an dem Punkt an, an dem ich mir die Frage stellen musste: War's das oder lohnt sich das Leben doch?

Für meine missliche und unglückliche Situation machte ich lange Zeit meinen Vater verantwortlich und am allermeisten mich selbst. Ich fühlte mich als Versager, obwohl ich inzwischen das Privileg genoss, in einem sehr erfolgreichen Konzern arbeiten zu dürfen und gutes Geld zu verdienen. Viele würden sich danach die Finger lecken. Ich aber empfand den Job als trostlos, das viele Reisen als Last, fühlte mich oft überfordert und das schlimmste war, dass mich die Arbeit nicht interessierte, dass ich einfach nicht mit dem Herzen dabei war. Es war anstrengend und freudlos.

Die zwischenmenschlichen Beziehungen gehören zu unseren größten Herausforderungen. Sie spiegeln uns zuverlässig unsere eigenen Unzulänglichkeiten und Ängste.

Was war gut? Was war schlecht? Was war überhaupt und was nicht? Ich möchte niemanden verletzen, ich kann nur von mir selbst, meinen Gefühlen, Sehnsüchten, Selbst-Täuschungen und Enttäuschungen berichten.

Natürlich habe ich, wie die meisten von uns, seit ich denken kann, schon als kleiner Junge, von der ganz großen Liebe geträumt. Die Frauen waren schon immer meine allergrößte Sehnsucht, das Einzige, wofür es sich zu leben lohnt. Und es sollte wohl eine meiner wichtigsten Aufgaben werden, mit dieser Täuschung klar zu kommen, denn meine große Sehnsucht hat sich nicht erfüllt. Es gab kurze Momente, in denen ich davon nippen konnte, allerdings waren es natürlich immer flüchtige Momente.

Ich habe erfahren, dass die Sehnsucht etwas ist, das nie endet, eine Flamme, die nie erlischt.

Die auf eine Art unerfüllte Liebe zu meiner Mutter spiegelte sich in der unerfüllten Sehnsucht nach der Partnerin meiner Träume...oha! Es sollte sich später über eine Familienaufstellung noch ein weiterer Grund herausstellen, der mein Verhältnis, meine Beziehung zu den wenigen von mir bewunderten oder begehrten Menschen irgendwie blockierte.

Die länger andauernden Partnerschaften, die ich hatte, waren durchaus gekennzeichnet von Liebe, Vertrauen, gegenseitigem Respekt und Nähe, alles für eine funktionierende Beziehung wichtige Faktoren. Was damals allerdings fehlte, war Ekstase, ein Gefühl von Erfüllung, das dir sagt: Ja, das genau ist es. Dieses Gefühl, das über jeden Zweifel scheinbar erhaben ist, blitzte in dieser Zeit vielleicht zwei, drei Mal auf, allerdings in eher flüchtigen Begegnungen, aus denen nichts wurde. Diesem flüchtigen Gefühl trauerte ich sehr lange Zeit nach. Unabhängig davon, ob und was aus den jeweiligen Momenten hätte entstehen können, sie hinterließen eine Idee, einen Duft, eine Vorstellung davon, was es heißen könnte, Erfüllung, Glück, was auch immer in einer Beziehung zu finden. Ich hatte für einen Moment lang das Gefühl, dass es sich genau dafür zu leben lohnt und alles andere daneben verblasst, zur Nebensache wird. Wenn ich den Partner meiner Sehnsucht finden würde, würde alles gut werden.

Aber dann war die Situation, die Begegnung vorüber. Für mich war es eine wahrhaft traumatische Erfahrung, dass mir das schönste Gefühl, dieses magische Erlebnis nur für einen solch kurzen Moment vergönnt sein sollte. Diese Situationen haben meinen Lebensweg nachhaltig geprägt, meine Lebensfreude und meinen Mut nachhaltig gedämpft. Viele kennen das Gefühl. Da scheint etwas zum Greifen nah und du schaffst es nicht zuzugreifen, und dann ist es schon wieder weg. Unwiederbringlich.

Eine unserer größten Ängste ist die Angst, abgelehnt zu werden. Viele von uns kennen sie, mich hat sie fast zerstört. Das Einzige, wofür es sich meiner damaligen Meinung nach zu leben lohnte, sollte unerfüllt bleiben? Später habe ich gelernt und verstanden, dass es gerade unsere Bedürftigkeit ist, die verhindert, dass die Dinge in unser Leben treten, die wir so sehr herbeisehnen. Und wenn du selbst es nicht schaffst, dich zu umarmen und ins Leben hinaus zu treten, weil deine eigene Angst vor Ablehnung dich paralysiert, blockiert, dann muss dir die Ablehnung im Außen begegnen.

Ich habe mich immer, auch in der Gruppe, in der Schule, im Verein, auf Festen und Veranstaltungen, auf Familientreffen und in der Firma, einsam gefühlt. Ich gehörte nicht wirklich dazu. Eine unendliche Sehnsucht nach Geborgenheit und Zugehörigkeit, die unerfüllt blieb. Meist begegneten mir dann die Menschen, die ich eigentlich vermeiden, denen ich aus dem Weg gehen wollte. Aber so ist das eben mit der Resonanz. Das, was du ablehnst, ziehst du an. Also habe ich mich zurückgezogen. Meine Angst, abgelehnt zu werden, wurde größer, mich zu zeigen immer schwieriger. Dabei brannte mein Herz vor Sehnsucht und Trauer. In einer systemischen Aufstellung habe ich herausgefunden, dass ich vor-embryonal einen weiblichen Zwilling hatte, der sich nicht weiter entwickelte, und dass die Trauer, die Schuldgefühle, alleine ins Leben gegangen zu sein und sie verloren zu haben, mir nicht erlaubte, in meine Kraft zu kommen, ins Leben zu treten. Daher die Angst, die Schuld, die Trauer, die mich ein Leben lang schon begleitet hatte. Das ergab einen Sinn für mich. In einem früheren Leben, so erfuhr ich in einer Rückführung bei einer Sitzung mit einem

Medium, verstarb meine Mutter bei meiner Geburt und mein Vater gab mich zu Fremden, weil er mit dem Verlust nicht umgehen konnte. Auch hier wieder das Thema Schuld, Verantwortung für den Tod der Mutter, Verpflichtung, Angst, nicht dazuzugehören, Angst vor Ablehnung. Wir alle haben unsere karmischen Muster, die dazu führen, dass bestimmte Energie-blockaden entstehen, die es gilt, in diesem Leben aufzulösen. Es muss ja Gründe geben dafür, dass wir solche Hemmungen, Blockaden mit uns herumschleppen, von denen wir nicht wissen, woher sie kommen. Wir suchen nach Liebe und Geborgenheit im Außen und können sie oft nicht finden, weil unsere Schuld, Ohnmacht, Trauer, unsere Selbstablehnung, -Verurteilung, unser Selbsthass ein Resonanzfeld aufbaut, das dann genau die Menschen und Ereignisse in unser Leben zieht, die unsere unbewusste Selbstablehnung bestätigen, die Nicht-Wertschätzung unseres Selbst. ‚Ich bin's halt nicht wert, gesehen zu werden, geliebt zu werden, Glück zu erfahren, den Partner zu finden, der mich glücklich macht. Und so bin auch ich dann eben durchs Leben gegangen. Bedürftig, hungrig, einsam, allein, unverstanden, zweifelnd, wartend. Ein ewig Wartender.

Unsere Beziehungen im außen spiegeln unsere Beziehungen zu uns selbst. Wenn ich einsam bin mit mir, dann bin ich es auch in der Gruppe. Wenn ich Trauer fühle, werden mir zunächst Dinge begegnen, die meine Trauer befeuern bis ich sie durchfühlt habe. Die Angst vor Ablehnung, nicht dazuzugehören, wird Situationen heraufbeschwören, die diesem Gefühl entsprechen. Ich werde vergessen, übersehen, zurückgelassen bis ich beginne, mich selbst zu sehen.

So hatte ich immer nur sehr wenige Freunde und Bekannte und es war mir nie möglich, ein Netzwerk aufzubauen, Beziehungen zu knüpfen. Bis heute ekeln mich Menschenmassen, große Ansammlungen von Menschen. Volksfeste, Kirmes und ähnliches sind mir ein Graus. Trotz meiner großen Sehnsucht nach Zugehörigkeit und Geborgenheit. Aber diese Menschenansammlungen verkörpern für mich Anonymität, ich fühle mich dann abgestoßen und angewidert, bekomme fast Panik und versuche immer, der Masse schnellstmöglich zu entkommen. Dennoch habe ich immer leidlich funktioniert, nur richtig wohlgefühlt in einer Gruppe, in einer Gesellschaft, selbst in der Therapiegruppe, habe ich mich selten.

So hatte ich natürlich auch sehr große Angst, mich allein zu zeigen. Man kann diese Angst, sich zu zeigen, vor einer Gruppe zu stehen, mit Routine und Übung kontrollieren, was mir ganz gut gelungen ist, aber sie bleibt, wenn es nicht gelingt, sich selbst anzunehmen. Und schon bist du im Kampf mit dem inneren Schweinehund, musst dich immer wieder überwinden. Das ist sehr anstrengend. Wer gegen seinen Schatten, seine innere Ablehnung wieder und wieder ankämpfen muss, um zu funktionieren, Erwartungen zu erfüllen, seine Pflicht zu erfüllen, der wird irgendwann ausgebrannt sein, BURN OUT. Wenn Energie nicht fließt, entsteht Reibung.

Das alles klingt nicht unbedingt nach einem berauschenden Leben, nicht gerade nach viel Spaß und Glücksgefühlen und das stimmt auch. Es gab Zeiten, in denen ich mich gefragt habe, ob es nicht cool wäre, einfach von der Bildfläche zu verschwinden, alles hinter mir zu lassen, die ganze Enttäuschung, Freudlosigkeit. Wenn die Hoffnung auf ein glückliches Leben zu schwinden beginnt, kommt manchmal der Gedanke auf, dem Ganzen ein Ende zu setzen.

Und genau an diesem Punkt begann ich mich zu fragen, ob das alles, der ganze Mist, vielleicht doch einen Sinn hat - aber welchen? Das wollte ich herausfinden, sozusagen als letzte Chance, denn es gibt den Punkt im Leben, an dem es um Alles oder Nichts, Hopp oder Topp, Sein oder Nicht Sein geht. Diesen Punkt sah ich gekommen.

Ich war zu dem Zeitpunkt 48 und mein Leben neigte sich gefühlt dem Ende, obwohl, von außen betrachtet, alles fast perfekt aussah. Ich hatte inzwischen meine Seelenverwandte geheiratet, eine wundervolle Tochter wuchs heran, einen gut bezahlten Job, ein Haus und eine Katze, aber das war eben nur Außen. In meinem Inneren war Leere und Angst.

Aber was genau war es, das mich so bedrückte, das mir die Luft zum Atmen nahm? Was hemmte mich, hielt mich so zurück auf meinem Weg? Wofür lohnte es sich, weiterzuleben, wenn ich doch nicht fand, wonach ich suchte? Alles in mir sehnte sich nach Liebe, nach Anerkennung, nach Wertschätzung, nach Geborgenheit, Wärme, Feuer und Ekstase; so sehr, dass es körperlich und seelisch Schmerzen verursachte.

Und im Schmerz wurde ich fündig auf der Suche nach dem Schuldigen. Ich selbst bin es! Ich bin es einfach nicht wert. Nicht wert, gesehen zu werden, nicht wert begehrt zu werden, nicht liebens-wert.

Unbewusst verurteilte ich mich selbst. Bewusst verurteilte ich alles und jeden um mich herum. Die Welt ist schlecht. Die Menschen sind schlecht. Beweise fand ich genug. Wo ich hinschaute war Schlechtigkeit, Niedertracht, Hass, Unterdrückung, Ausbeutung, Ablehnung und Dummheit. Ja genau, vor allem Dummheit, Borniertheit und Ignoranz! Alles Arschlöcher!

„ICH MUSS BEREIT SEIN, DAS AUFZUGEBEN, WAS ICH BIN,
UM ZU DEM WERDEN ZU KÖNNEN, WAS ICH SEIN KANN"

Albert Einstein

WER BIN ICH UND WAS SOLL DAS ALLES HIER?

Die Frage aller Fragen. Früher oder später stehst du genau an dem Punkt, an dem diese Frage zentral wird; je nachdem wie gut oder schlecht es dir gelingt, dich möglichst lange durch ein erfolgreiches oder - loses Leben im Außen davor zu drücken. Scheinbar glücklich sind die, denen es frühzeitig gelingt, ein erfülltes selbstbestimmtes Leben zu wählen und diese Fülle in ihrem Leben zu erfahren. Ein erfolgreiches Berufs- und Privatleben ist die beste Voraussetzung, mit Wertschätzung, Aufmerksamkeit und Liebe bedacht zu werden, aber auch eine Chance, die Sinn-Frage zu stellen. Wer schon einiges erreicht hat, kann sich den Luxus leisten, die Sinnfrage zu stellen und den Weg nach Innen zu integrieren. Oder aber er bleibt im Streben nach mehr Geltung und Konsum stecken, um der Thematik auszuweichen. Manche begegnen der Sinn-Suche im Innen erst auf dem Totenbett oder wenn eine Krankheit auftritt und die üblichen Ablenkungsmechanismen nicht mehr wirken. Osho sagte einmal sinngemäß: Die Suche im Innen beginnt der, der reich ist und erkennt, dass Geld und Konsum allein keine Erfüllung bringen oder der, der sehr intelligent ist. Ein Reicher, der nicht religiös ist, ist dumm und eine unverzeihliche Sünde.

Also was heißt denn nun sinnvolles Leben?

In erster Linie doch ein glückliches, erfülltes Leben in Freu-de, oder? Aber wie kommt man da hin? Was macht uns glücklich? Was erfüllt uns? Fragen, die jeden Menschen ein Leben lang begleiten, und das schon, seit der Mensch über seine Existenz nachdenken kann. Unzählige Philosophen haben seit der Antike und wahrscheinlich schon früher versucht, alle Facetten des menschlichen Daseins in Bezug auf Selbstwahrnehmung, Ursprung, Bestimmung, den Verstand, die Seele, die Verbindung zum Schöpfer, Univer-sum, zur Ur-form, zum Ur-geist, zu Gott auszuleuchten. Wo kommen wir her, wo gehen wir hin und was machen wir da und wie oft kommen wir zurück? Man hat alles durch-leuchtet, das Jüngste Gericht, das Fegefeuer, den Himmel, die Erlösung, das Gute, das Böse, die Tugenden und die Todsünden, die Seele und deren Rettung oder Verdammnis - und?

Versuchen wir uns auf einige wesentliche Aspekte zu einigen, die unser Sein unmittelbar berühren.

Was bedeutet Glück?

Anhaltende, ununterbrochene Glücksgefühle sind unrealistisch und wahrscheinlich auch gar nicht auszuhalten. Momente des Glücks sind die eher seltenen Momente des Einklangs mit der Schöpfung, mit dem, was ist. Augenblicke der Verschmelzung mit einem geliebten Menschen, ein Sonnenaufgang über dem Meer, ein ruhender Bergsee im Abendlicht, eine Blume, ein lauer Wind in einer heißen Sommernacht. Wenn ich versuche, mich an Glücks-Momente in meinem Leben zu erinnern, dann merke ich, wie schwer mir das fällt. Da muss ich erst einmal tief einatmen. Wo sind sie, diese Glücks-Erfahrungen, die Hermann Hesse einmal beschrieb als etwas, das aus nichts besteht als aus dem „Zusammenklang der Dinge um uns her mit dem eigenen Sein, aus einem wunschlosen Wohlsein, das nach keiner Änderung, keiner Steigerung verlangte", eine wie ich finde treffende Beschreibung des Einklangs mit dem, was ist.

Ein kühles Bier auf der Alm nach einer herrlichen Wanderung, dazu das Rauschen des Windes in den Tannenwipfeln, der Klang von Kuhglocken in der Ferne; der Blick in die Augen der Liebsten, das synchrone Schlagen zweier Herzen. In Momenten des Glücks fühlen wir nicht nur Einklang, wir gehen in die Verbindung - nicht zu verwechseln mit dem Rausch eines inszenierten Konsum-Erlebnisses. Das Geheimnis liegt in der Einfachheit, in der Unmittelbarkeit, der direkten Verbindung zu unserem Herzen, welche mit Geld nicht zu kaufen ist.

Ein gelungenes Leben bedeutet auch, Erfüllung, Fülle und Freude ins Leben zu bringen. Erfüllung finden wir, wenn wir uns z.B. in einer Gemeinschaft einbringen, unser Potenzial entfalten, unsere Bestimmung leben, Geborgenheit in der Gemeinschaft erfahren, wenn wir Dinge tun, die unser Herz zum Singen bringen und uns mit Freude erfüllen. Eine erfüllte Partnerschaft leben! Der Weg in die Freude führt dabei über die Wut oder die Trauer, der Weg in die Erfüllung führt durch Leere, Bedürftigkeit und Mangel und der Weg in die eigene Größe durch Kleinheit und Minderwertigkeit, der Weg in die Liebe führt durch die Angst. Denn was wäre die Größe ohne die Kleinheit und was wäre die Freude ohne die Trauer? In der Polarität unseres Daseins ist das Eine ohne das andere nicht zu haben und das ist auch gut so. Denn sonst wäre unsere Inkarnation als Mensch auf dieser Erde sinnlos, wenn wir einmal annehmen, dass die Seele neben der endlichen auch die unendliche Dimension des Universums erfassen kann und ein Seelenanteil sich in der Personifizierung in diesem Körper wiederfindet.

Nun bin ich selbst ja deshalb an den Punkt gekommen, mir die Frage zu stellen, was ich hier noch soll, weil ich mit mir und der Gesamtsituation so unglücklich war; und ich war bereit, mir helfen zu lassen. Wie Millionen Menschen vor mir, so hatte auch ich mich seit Jahren mit dem Abgründigen, Mystischen und Metaphysischen des Mensch-seins beschäftigt, mit den Sehnsüchten, Hoffnungen, dem Leiden, der Gier, dem Hass, der Verzweiflung, Ohnmacht, Lust und Befriedigung, dem Hochmut und dem Fall, dem Diesseitigen und Jenseitigen, der religiösen Dimension und der weltlichen Beschränktheit, der Heilig- und Scheinheiligkeit. Esoterik, Aberglaube und spirituelle Themen fanden mein Interesse. Ich las über das Ich, Es und Über-Ich, über symbiotische Verstrickungen, Traumatisierungen, die gesunden, traumatisierten und Überlebensanteile der Persönlichkeit, über Transaktionsanalyse und systemische Dysbalancen. Auf der Suche nach Antworten habe ich Filme gesehen, viele Bücher gelesen, großartige Bücher, doch wenn ich sie weglegte, war ich zurück in meinem Leben und konnte mir die ganzen Weisheiten nicht wirklich zu eigen machen. Es blieb Theorie, Fiktion, Unterhaltung, Wissen, das immer nur meine Peripherie erreichte, aber nie ganz in mein Zentrum vordringen konnte. Ebenso wie ich mit der Wahrnehmung meines Selbst an der Peripherie haften blieb. Abgelenkt vom inneren Denker und einem verschlossenen Herzen kam ich nicht auf die Idee, dass es ein Zentrum, eine Essenz göttlicher Vollkommenheit in mir geben könnte. So ist es doch mit aller Theorie, sie steigert allenfalls unsere Verzweiflung, wenn sie nicht unser Herz erreicht und teilhaben lässt an der Erfahrung der Ganzheit, wenn sie nicht das Gefühl von Einklang, mit dem was ist, hervorruft. Was nutzt dann alle Erkenntnis, wenn sie verkümmert in der peripheren Verstandeswelt?

Wir gehen ins Kino, lesen Bücher, flüchten uns in Romane, Biografien, Science Fiction oder verfolgen mit ganzer Kraft und Hingabe ein Hobby, sei es die Astronomie, Astrologie, das Sammeln von Münzen, Briefmarken, Autos, Häusern, Flugzeugen oder Yachten oder widmen uns irgendeiner philanthropischen Beschäftigung, von der Flüchtlingshilfe bis zur Organisation von mondänen Charity-Veranstaltungen oder der Gründung von Stiftungen für wohltätige Zwecke, um dem Leben einen Sinn, eine Bedeutung zu geben und nachts schlafen zu können. Manche projizieren ihren eigenen Mangel in die Identifikation mit einem Fußballverein, einer politischen Partei oder einer anderen politischen Organisation. Ansonsten bringt der Kirchgang, die Religion, eine rechtschaffene Lebensführung, Frömmigkeit und dem besonders unbewusst daherkommenden Gesellen auch der Nationalismus und Fanatismus einige Erleichterung. Das alles geschieht nicht aus Freude am Sein und aus Liebe, es geschieht, um unbewusst die innere Leere zu füllen. Dramatisch wird es, wenn sich zur inneren Leere auch noch der äußere Misserfolg hinzugesellt. Derjenige, für den es im Außen nichts zu holen gibt, der kann entweder aufgeben oder sich auf die Suche im Innen verlegen.

Wenn von Schicksal die Rede ist, wird gemeinhin angenommen, dass das Leben vorbestimmt und der Einfluss des Einzelnen darauf sehr begrenzt sei. Der Satz: „Das ist Schicksal, da machste nix", hört man immer wieder. Ich hingegen stimme mit der Aussage Kurt Tepperweins in seinem Buch „Die geistigen Gesetze" überein, wenn er sagt: „Die Art wie Schicksal sich äußert, zeigt, wie der Urheber gedacht, gefühlt und gehandelt hat". Das Schicksal als Weg, die eigene Bestimmung, das Wahre Selbst zum Ausdruck zu bringen und mit Hilfe des Freien Willens und immer wieder neu zu treffender Entscheidungen zu beeinflussen.

Und genau das ist der Grund dafür, warum wir „unser Schicksal in die eigenen Hände nehmen" können und damit, - und das ist das Wichtigste, was wir uns unbedingt zu Eigen machen müssen, - die Verantwortung übernehmen dürfen für alles, was uns im Leben widerfährt. Wir sind da am springenden Punkt, an der Stelle, wo die meisten erst einmal schlucken: „Wie bitte, ich soll die Verantwortung dafür übernehmen, dass ich krank geworden bin oder dass meine Mutter einen schweren Unfall hatte oder dass mein Kind verunglückt ist oder dass mein Vater ein Alkoholiker war?"

Das klingt unfair und der Verstand will das nicht annehmen. Wenn wir allerdings nicht bereit sind, Verantwortung zu übernehmen, dann bleiben wir auf ewig im ohnmächtigen Opfermodus zurück. Selbstverständlich sind wir auch für unser Glück verantwortlich und jeder, der z.B. in einer Partnerschaft glaubt, der andere sei dafür zuständig, ihn glücklich zu machen, der wird enttäuscht sein, wenn seine Erwartungen nicht erfüllt werden; und die Erwartungen müssen enttäuscht werden. Niemand kann dich glücklich machen, nur du selbst. Wenn nach einem langen gemeinsamen Leben in einer Partnerschaft, die von gegenseitiger Bedürftigkeit geprägt war, ein Partner geht, stirbt, dann ist die Enttäuschung über die eigene Täuschung, dass der andere für mein Glück zuständig sein sollte, groß und ebenso die Leere und Einsamkeit. Warum hat er oder sie mich verlassen? Wer sich der Verantwortung für sein Leben bewusst ist und entsprechend für sich gut sorgt, ist dann auch in der Lage, loszulassen und den eigenen Weg weiterzugehen, den anderen im Herzen mittragend.

Doch kommen wir zurück zu meiner persönlichen Geschichte, die mich veranlasste, nach Antworten auf die entscheidenden Fragen zu suchen, und im Nachhinein weiß ich nicht, ob ich an diesen Punkt gekommen wäre, wenn mein Leben einen anderen, „erfolgreicheren" Verlauf genommen hätte. Wohl eher nicht. Aber es war mein Weg und heute weiß ich, dass ich, dass jeder von uns, die wir hier auf der Erde unterwegs sind, geführt sind. Das Leben führt uns, auch wenn unser Verstand dem nicht immer folgen kann und will.

Inspiriert durch geistige Lehrer, Autoren, visionäre Unternehmer, Philosophen und deren Bücher und Vorträge (Osho, Kurt Tepperwein, Kalil Gibran, Robert Betz, Franz Ruppert, Willigis Jäger, Deepak Chopra, Neale Donald Walsh, Safi Nidiaye, von Meister Eckhart, Pico di Mirandola, Thomas More, Rousseau bis Hegel usw.), die sich nicht mit der reinen scientia, den Naturwissenschaften abfinden wollten, sich mit der Selbstbestimmung und Spiritualität des Menschen und der Unsterblichkeit seiner Seele beschäftigten, begann ich, Antworten im Innen statt wie bisher im Außen zu suchen. Dafür war es wichtig, Altes loszulassen und Widerstände abzubauen, das, was war, anzunehmen, Selbstverurteilung zurückzunehmen. Es ist eine Reise vom Verstand zum Herzen.

Was uns nämlich daran hindert, Sinn zu erfahren, ist, dass wir dies nicht mit unserem Verstand erfassen können. Wir haben vergessen, dass wir nicht unser Verstand sind, sondern einen Verstand haben. Wer denkt, ist eben nicht! (auch wenn der Philosoph Descartes das anders meinte). Denn der Denker bewegt sich nie im Jetzt; er nimmt nie das wahr, was ist, vielmehr vergleicht er jede sinnliche Wahrnehmung mit der Erfahrung aus der Vergangenheit und projiziert das Resultat ängstlich in die Zukunft. Damit bleibt der Verstand an der Peripherie unseres Seins haften und dringt nicht vor bis zur ewigen Essenz des Höheren Selbst. Sinn erfahren, Glück erfahren, Liebe erfahren können wir nur mit unserem Herzen. Je mehr wir es verschließen, desto seltener werden die Momente des Einklangs mit dem, was ist. Was bleibt sind Vergnügungen, Zeitvertreib, Unterhaltung und die darunterliegende Leere.

Wir sind also über unseren Verstand verstrickt mit unserer Vergangenheit und damit voreingenommen in unserem Urteil. Das Ereignis oder der Mensch, der uns begegnet, stolpert quasi über unsere eigene Vergangenheit in unsere Gefühlswelt hinein. Infolge dessen interpretieren wir die Menschen, die uns begegnen, immer unter Verrechnung all unserer nicht eingelösten Schecks mit allem, was uns in der Wäsche hängt, positivem wie negativem.

Wenn wir verantwortlich sind, d.h. über die Schöpfungswerkzeuge Denken, Fühlen und Handeln unser Schicksal selbst in der Hand haben, dann ist doch das allerwichtigste, dass wir lernen, unsere Gedanken und Gefühle zu beeinflussen. Und das geht nur durch Bewusstheit.

Die meisten Gedanken denken wir unbewusst und die daraus resultierenden Gefühle versuchen wir zu unterdrücken, besonders wenn es sich um negative Emotionen handelt. Der Verstand produziert Gedanken basierend auf unserer Vergangenheit, also benötigen wir eine Instanz, die in der Lage ist, darauf zu schauen, einen inneren Beobachter, der uns hilft, aus dieser Endlosschleife der Unbewusstheit und der damit verbundenen wiederkehrenden Verletzungen der Vergangenheit zu lernen und die Gedanken und Gefühle zu verändern, zu transformieren. Diesen inneren Beobachter aktivieren wir mit Achtsamkeit, Meditation. Schließlich wünscht sich jeder von uns ein Leben in Freude und Fülle, in Frieden und Erfüllung. Wenn ich allerdings in den ‚schrecklichen' Ereignissen der Vergangenheit und den damit verbundenen Opfer- und Mangelgedanken verbleibe, hängen bleibe, was meist unbewusst in unserem Schatten abläuft, dann wird daraus nichts!

Wenn unsere Lebensumstände das Ergebnis unseres Denkens, Fühlens und Handelns sind, dann können wir diese verändern, indem wir unsere Lektionen lernen, seien sie auch noch so schwer.

LEID-LEKTIONEN:

Das anfangs bereits erwähnte und oft zitierte Ego ist das Ergebnis eines Spaltungsprozesses. Wir haben Teile von uns abgespalten, sind aus dem Fluss geraten, aus der Verbindung, aus der wir einmal gekommen sind und von der wir bei der Entstehung des Egos getrennt wurden. Wir erkennen in der Kindheit sehr früh schon, dass bedingungslose Liebe in der Abhängigkeit von unseren Beziehungspersonen offenbar nicht zu haben ist. Diese Trennung von der bedingungslosen Liebe und der damit verbundene Glaubenssatz, dass wir so wie wir sind, nicht richtig sind, dass wir uns anstrengen, etwas leisten müssen, um geliebt zu werden und Aufmerksamkeit zu erhalten, ist die Geburtsstunde des Egos und der Zeitpunkt, an dem wir beginnen, unser Herz zu verschließen und Teile von uns abzuspalten. Der Verstand wird zum Dominator, das verurteilende Denken bestimmt von nun an unser Schicksal. Das Ego ist dabei immer bedürftig. Und wenn unser Verstand aufgrund unserer Erfahrungen denkt, dass das Leben ein Kampf ist, dann muss das Leben uns dies bestätigen, denn wir ziehen das in unser Leben, wovon wir überzeugt sind, bis wir bereit sind, unser Herz wieder zu öffnen, die Gedanken des blinden Verstandes zu überprüfen und neue Entscheidungen zu treffen, z.b. zu lieben, zu vertrauen und mitzufühlen mit allen Kreaturen, die uns auf unserer Reise begleiten. Erst dann erkennen wir, welche Last von uns abfällt, wenn wir unser verurteilendes Denken und damit unsere Angst loslassen können.

In der Erfahrung der Polarität im menschlichen Körper ist das Wahrnehmungsspektrum auf die physische Dimension beschränkt und unterliegt dieser Illusion, von den Mitgeschöpfen und von allem, was ist, getrennt zu sein. Wir verlieren die Verbindung zu unserem Ursprung. Erst durch die Erfahrung von großem Leid oder tiefster Verzweiflung, wenn wir am Abgrund stehen und keine Hoffnung mehr haben, beginnen wir wieder damit, nach unserem geistigen Ursprung zu suchen. Wer dazu nicht bereit ist, bleibt in seinen Mustern der Vermeidung und Abwehr stecken, bis der Körper vehementer reagiert, und wenn wir auch die

Botschaften und Signale des Körpers nicht beachten, bleiben wir im Widerstand des Opfers stecken.

Die Manifestation der Dinge, vor denen wir uns am meisten fürchten, erinnert uns nicht zuletzt daran, dass genau diese Erfahrung uns zwingt, den Widerstand aufzugeben und in der Annahme dessen, was ist, inneres Wachstum zu ermöglichen und der zu werden, der wir heute sind.

Knappheit, Not, Krankheit und Todesfall haben einen Sinn, sind Botschaften des Lebens, Lektionen. Wer sie versteht, kann eine neue Entscheidung treffen.

Wenn ich glaube, dass ich Erfüllung im Außen finde durch materiellen Erfolg, dann muss ich enttäuscht werden. Wenn ich glaube, dass eine Frau oder ein Mann mich glücklich machen muss, dann muss ich enttäuscht werden. Materieller Erfolg oder eine Partnerschaft trägt zum erfüllten Leben bei und ist ein großartiges Geschenk, wenn sie nicht als Ersatz für Selbstliebe und Selbst-Wertschätzung herhalten müssen.

Verantwortung zu übernehmen für alles, was uns widerfährt, ist unabdingbar, um aus dem Opferdenken heraus- und in die eigene Kraft zurückzufinden. Dies wird insbesondere dann sehr anspruchsvoll, wenn Menschen besonders schwere Schicksale erleiden müssen, wie beispielsweise eine Krebserkrankung, den dritten Herzinfarkt, Dialyse, Organtransplantationen aufgrund von chronischen Erkrankungen, neurologische Erkrankungen wie Multiple Sklerose, Parkinson oder Rheuma, andere schwere Erkrankungen, oder deren Liebste schwer erkranken, gar umkommen oder ermordet, Opfer von Unfällen, Katastrophen oder Verbrechen werden.

Ihre berechtigte ohnmächtige Wut und Trauer führt leicht zu einem versteinerten Herzen und tiefer Verbitterung und Verzweiflung. Der einzige Weg zurück ins Leben führt über die Rücknahme der Anklage, die Öffnung für den Gedanken, dass der Sinn hinter der Erfahrung des größten Leids darin besteht, eine Wahl zu treffen zwischen Verbitterung und Hass und Annahme und Liebe. Der Verstand versteht das nicht: Jetzt habe ich doch versucht, alles richtig zu machen, habe gekämpft und war fleißig, habe mich aufgeopfert und dann passiert das in meinem Leben?

Wenn wir nicht bereit sind, einen Sinn in allem, was passiert, zu erkennen, und sei es auch noch so schwer, können wir das, was bereits eingetreten ist, nicht überwinden, können wir nicht weitergehen. Alles hat einen Sinn. Wenn dein Liebstes geht, darfst du es in dein Herz nehmen und in deinem Herzen mittragen in ewiger Liebe und weitergehen.

ÜBERPRÜFE DEINE GEDANKEN ANHAND DER AKTUELLEN EREIGNISSE.

Die täglichen Nachrichten über sämtliche Medienkanäle, die uns erreichen, lösen Gedanken in uns aus, die wir überprüfen dürfen. Da 90 Prozent der Nachrichten unerfreulicher Natur sind und meist negative Emotionen hervorrufen, haben wir ständig die Möglichkeit, uns selbst zu beobachten, wie die Ereignisse in der Welt unsere tiefsten Überzeugungen spiegeln, denn jeder negativen Emotion liegt zumeist ein unwahrer Gedanke zugrunde.

Wenn z.B. das Ausscheiden der deutschen Nationalmannschaft bei der Fußball-Weltmeisterschaft dich wütend macht, dann darfst du nach dem Ursprung der Wut in dir forschen, denn die Wut war schon vorher da, bevor die Mannschaft ausgeschieden ist. Und ebenso verhält es sich, wenn dich das Ausscheiden traurig macht. Dann darfst du nach dem Ursprung deiner Trauer suchen. Das Ereignis im

Außen holt in uns ein Gefühl hervor, das wir kennen und das uns schon seit langem begleitet. Und je stärker die Emotion, desto länger und intensiver arbeiten wir bereits daran, dieses Gefühl zu vermeiden. Dieses banale Beispiel soll verdeutlichen, dass immer, wenn du emotional reagierst, und ich behaupte immer(!), sich eine Chance für inneres Wachstum bietet. Die Frage ist, ob du sie nutzt.

Ein Politiker wie der türkische Präsident Erdogan, der demonstrativ die Meinungs- und Pressefreiheit einschränkt und Menschen aufgrund ihrer Meinung wegsperrt, löst besonders in uns Deutschen starke Emotionen aus, nicht zuletzt, weil uns dieses Thema noch in der Wäsche hängt. Wie viele unserer direkten Vorfahren mussten unter einer solchen Politik leiden? Erdogan holt genau diese noch nicht verarbeiteten, noch nicht bejahend gefühlten Gefühle von Wut, Ohnmacht und Trauer in uns hervor.

Die Ohnmacht ist ein mächtiges Gefühl, das jeder, vor allem in seiner Kindheit, in der er von seinen Eltern abhängig war, kennengelernt hat. Nicht jeder verbindet damit die gleichen dramatischen Erfahrungen, aber ein einmal erlebtes, noch nicht bejahend gefühltes Gefühl der Ohnmacht begleitet uns in unserem Emotionalkörper und kann jederzeit durch Ereignisse und Begegnungen getriggert werden, bis wir Frieden machen mit dem Ursprung des Gefühls und die Vergangenheit loslassen können.

Dass derjenige, der versucht, über andere Macht und Kontrolle zu erlangen, selbst innerlich bedürftig und unbefriedigt ist und sich im Grunde selbst verachtet, steht auf einem anderen Blatt.

Auch ein narzisstischer Donald Trump, der sich über sämtliche Etiketten und Gepflogenheiten hinwegsetzt und wie ein Elefant durch den Porzellanladen stapft, seinen Egoismus auslebt, empfindlich auf Kritik reagiert, andere entwertet, ist ein Spiegel einer Gesellschaft der Lieblosigkeit. Wer in seinem Hass mitschwingt, darf sich fragen, wofür er sich selbst noch hasst, und wer in ohnmächtige Wut verfällt, darf auch hier nach dem Ursprung suchen. Offenbar war die Zeit reif für einen wie Donald Trump, um den Menschen den Zustand zu spiegeln, in dem sich nicht nur Amerika befindet. Und wir dürfen uns fragen, ob unsere Handlungen in Zukunft von Angst, Wut, Egoismus, narzisstischer Entwertung der anderen, Andersdenkenden und von Minderwertigkeit geleitet werden soll. Wollen wir das?

Auffallend bei diesen und vielen anderen Politikern, die in diesen Zeiten auf dem Vormarsch sind, ist, dass sie auf dem alten, doch eigentlich längst ausgedienten Ross weiterreiten, nämlich für das Unglück in der Welt Schuldige zu suchen, andere verantwortlich zu machen, Sündenböcke auszumachen für alles. Seien es die Kurden, die Flüchtlinge, der Islam, die Chinesen mit ihren Dumpingpreisen, die Deutschen mit ihrer Exportstärke und Lohndumping, die Fleischesser, die Autofahrer usw. Es ist der immer gleiche Reflex, zu glauben, etwas ausmerzen zu müssen im Außen, damit endlich alles gut wird.

Wie oft will die Menschheit eigentlich noch denselben Fehler machen, den eigenen Mangel nach außen zu projizieren? Wann wollen wir, wann willst du endlich dein Herz öffnen?

Ja, es gibt viele Ereignisse und Menschen, deren Handlungen gegen die Liebe sind, denen wir Einhalt gebieten müssen im Namen der Liebe. Sie zu verurteilen, ist der falsche Weg, denn wir verurteilen schon zu lange. Den anderen zu verurteilen, und scheint es auch noch so angebracht aufgrund seiner Taten, führt uns nicht weiter, führt nicht zu einer liebevolleren Welt, denn die Basis für die Verurteilung des anderen liegt in der Verurteilung von uns selbst. Solange wir verurteilen, ohne das Urteil zu überprüfen und zurückzunehmen, bleiben unsere Herzen verschlossen und wir müssen dieselben Lektionen wieder und wieder lernen.

Noch einmal: Natürlich gibt es viele Dinge, die wir zu Recht verurteilen und das ist auch menschlich, zu urteilen, aber wenn wir darin nicht das Urteil uns selbst gegenüber erkennen, können wir keinen Frieden finden.

Das gilt im Großen wie im Kleinen, das gilt für die Weltpolitik wie für die Firma und die eigene Familie, den Partner, Chef, Lehrer, Nachbarn, die Kinder, Eltern, Bruder, Schwester usw. Wenn wir als Gesellschaft, als Menschheit den Quantensprung in eine liebevollere Welt schaffen wollen, dann dürfen wir unsere Herzen öffnen, unsere Urteile überprüfen und alte Reflexe überwinden. Dann wird sich alles ganz von alleine fügen.

F. Ruppert schreibt dazu in dem Buch 'Symbiose und Autonomie' beispielhaft:

„Der blinde Glaube einer kapitalistischen Konkurrenzökonomie an die Regulation von Angebot und Nachfrage durch die ‚Märkte' beruht auf keiner gesunden Einstellung, sondern ist eine blinde Trauma-Überlebensstrategie, die nicht auf die Ursachen blickt, sondern sich immer nur an den Symptomen des in die Außenwelt verlagerten inneren Leidens zu schaffen macht."

„Wie bei Kindern, die nicht wissen, was sie noch alles tun können, um ihre traumatisierten Eltern versöhnlich zu stimmen, wächst unter diesen Voraussetzungen mit jeder Krise des Geld- und Wirtschaftssystems die Bereitschaft der mit diesem System symbiotisch verstrickten Menschen, sich selbst noch mehr unter Leistungsdruck zu setzen, noch mehr für dieses System an Opfern zu bringen, um es endlich verlässlich zu machen, sich gegenseitig noch mehr unter Druck zu setzen, um den Ansprüchen der Wirtschaft zu genügen, statt sich von ihm in seiner jetzigen Form zu lösen und gemeinsam etwas Neues zu erschaffen, bei dem in ersten Linie die gesunden Anteile das Sagen haben."

Es fängt bei jedem Einzelnen von uns an und deshalb kommen wir zurück zum Einzelnen.

ERWACHSENEN-KINDERGARTEN

In meiner therapeutischen Ausbildung haben wir oft den Begriff Kindergarten verwendet, wenn es darum ging, die Handlungsmotivation von augenscheinlich erwachsenen Menschen zu erklären.

Wir leben in einer traumatisierten Gesellschaft, in der destruktive Symbiosen an der Tagesordnung sind, d.h. ungeklärte Verstrickungen mit Bezugspersonen und Erlebnissen der Kindheit steuern die Begegnungen verletzter innerer Kinder in der Gestalt von Erwachsenen in allen Bereichen der Gesellschaft, so dass die Begegnung zweier Erwachsener, die sich durch Reife, inneren Frieden, ein geklärtes Selbst, Bewusstheit und innere Balance auszeichnen, noch die große Ausnahme darstellt.

Jeder von uns kennt das sicher, wenn Erwachsene aufgrund eines gewonnenen Spiels oder in einer ausgelassenen Situation, in der sie sich sicher und aufgehoben fühlen, z.B. im Karneval und ähnlichen Anlässen, wo sie mal den Alltag hinter sich lassen können, oder auch im Urlaub am Meer in freudiger Erregung kreischen, hüpfen, jauchzen, grunzen und albern sind, wenn all das raus darf, was sie das ganze Jahr krampfhaft unterdrücken, um ernst genommen zu werden als Lehrer, Richter, Staatsanwalt, Chef, usw. Dann wird die Sehnsucht des inneren Kindes gestillt, manchmal bis zu einem fragwürdigen Ausmaß, das an einen Kindergarten erinnert.

Dieses innere Kind ist allerdings nicht nur in der freudigen Partylaune-Situation aktiv, wie man vielleicht glauben mag. Das sogenannte verletzte innere Kind ist unser ständiger Begleiter und steuert unser Verhalten, unsere Gedanken und Gefühle, wenn wir uns seiner nicht annehmen.

So ist der cholerische Chef, der seine Mitarbeiter scheinbar grundlos anschreit und zur Sau macht, gesteuert vom inneren Kind, das bei jeder Kleinigkeit explodiert. Er handelt in diesem Moment offensichtlich nicht aus einem geklärten erwachsenen Selbstverständnis heraus, dem gesunden Persönlichkeitsanteil, sondern aus seinem Überlebensanteil, eben dem verletzten inneren Kind. Er hat offensichtlich die Verletzungen der Kindheit noch nicht geklärt, angenommen und durchfühlt. Zwei sich anschreiende Erwachsene fallen jeweils in die Rolle des inneren Kindes, sind dabei identifiziert mit ihrer Wut und wir können gewiss sein, dass dabei nichts wirklich Brauchbares herauskommt.

Es ist hilfreich, sich bei sich streitenden, zankenden, emotional diskutierenden, beleidigten, enttäuschten, aggressiven, aber auch besorgten, besonders betroffenen, sich vordrängelnden, aufgeblasenen, überheblichen, spottenden, allzu neugierigen und kontrollierenden Menschen (das ließe sich noch lange fortführen) klarzumachen, dass es sich dabei um einen Kindergarten handelt, d.h. da prallen Menschen aufeinander, die die Verletzungen ihrer Kindheit noch nicht angeschaut und geklärt haben. So entstehen Konflikte in unserer Gesellschaft, in der Firma, in der Politik, überall, wo Menschen aufeinandertreffen.

MENSCHEN, DIE UNSEREN WEG KREUZEN

Speichellecker, Arschkriecher, Vordrängler, Angeber, Besserwisser, Dummschwätzer, Choleriker, Einfaltspinsel, religiöse Fanatiker, Aggressive, Randalierer, Drückeberger, Faule, Oberlehrer, Sadisten, Panikmacher, Hypochonder, Schlauberger, Narzissten und Egoisten, Chauvinisten und Faschisten, Mobbing und Respektlosigkeit, Lieblosigkeit und Hass begegnen uns. Die Welt ist voll davon. An jeder Ecke eine andere Arschgeige. Was machen wir mit denen? Natürlich ist der erste Gedanke: eine aufs Maul hauen, umnieten, erledigen, zeigen, wo der Barthel den Most holt, der Frosch die Locken hat, klarmachen, einmachen, ins Lot stellen, geraderücken, die Fresse polieren usw., der Volksmund ist ja kreativ, wenn's darum geht, dem anderen zu zeigen, wer Recht hat oder wo's lang geht. Und wenn dem Bedürfnis dann nachgegangen wurde, dann geht's wieder für eine Weile nach dem Motto, dem hab ich's gegeben - und wenn das nicht möglich ist, dann stehen wir da in unserer Wut, Zorn, Frust, Kleinheit, Minderwertigkeit, Hass, und versuchen, irgendwie damit klar zu kommen, zu verdrängen, runterzuschlucken. Der Körper meldet sich prompt: Bauchweh, Kopfschmerzen, Schlaflosigkeit, Appetitlosigkeit, Verdauungsprobleme, Hitze, Starre usw. Woher kommt das? Warum begegnen uns ganz bestimmte Typen immer und immer wieder?

Schließlich wollen wir doch alle nur ein bisschen glücklich sein, geliebt werden, auf' n Arm…

Die Wahrheit ist: Das Leben ist zwar nicht offensichtlich ein Wunschkonzert, jedenfalls nicht so vordergründig, wie wir es gerne hätten, im Sinne von: ich mach mir die Welt, wie sie mir gefällt, weil mein verletztes inneres Kind das gerade so möchte, um nicht mit seinen Schattenaspekten konfrontiert zu werden. Aber wie wir bereits betrachtet haben, können wir das Schicksal durchaus beeinflussen, wenn wir bereit sind, uns selbst auf die Schliche zu kommen und an den Ereignissen und Begegnungen in unserem Leben zu erkennen, wie wir noch denken, fühlen und handeln und wenn wir bereit sind, uns neu zu entscheiden.

Kommen wir zu den „Arschlöchern", die meinen Weg kreuzten, jedenfalls habe ich sie zum gegebenen Zeitpunkt als solche wahrgenommen und tue es teilweise, wenn ich ehrlich bin, heute immer noch, allerdings beobachte ich mich inzwischen dabei, was mir hilft, nicht nur mein Urteil zurückzunehmen, sondern auch innerlich zu wachsen.

Ein beliebter Ort, an dem unsere Emotionen nur allzu schnell hochkochen, ist ja der Straßenverkehr, sei es, dass man von irgendeinem Deppen, Vollpfosten, Dünnbrettbohrer, Wichser oder Oberlehrer geschnitten oder rechts überholt wird, den Stinkefinger gezeigt bekommt, angehupt, geblendet oder - und die mag ich ganz besonders - bevormundet, belehrt, zurechtgewiesen oder kopfschüttelnd belächelt wird, nur weil man sich einigermaßen an die Verkehrsregeln hält. In diesen Momenten schießt mir förmlich das Blut in die Adern und in den Kopf und ich könnte den betreffenden Verkehrsteilnehmer manchmal einfach wegpusten ohne mit der Wimper zu zucken. Was läuft da für ein Streifen ab, dass wir so reagieren?

Neulich sprach mich eine Nachbarin an, deren Grundstück seit über zehn Jahren an unser Grundstück grenzt, deren Namen ich allerdings bis heute nicht kenne. Die schon etwas ältere Dame glaubte, mir an diesem friedlichen sonnigen Morgen mitteilen zu müssen, dass ich meine Koniferen zu nah an ihr Grundstück gepflanzt hätte, so dass deren Äste ihren, nebenbei potthässlichen, grünen Gitterzaun mit Stacheldrahtgarnitur berührten, gar bedrängten. Außerdem hätte ich als Blickschutz unsererseits Reisig direkt an ihrem Zaun befestigt. Beides sei nicht statthaft und müsste unverzüglich entfernt werden und wenn dies nicht geschähe, müsse sie rechtliche Mittel einsetzen. Fassungslos und staunend ob der nach zehn Jahren unbedenklicher Koexistenz unvermittelten Ansprache im Ton eines Hauptfeldwebels stand ich da und versuchte zunächst die Lage zu entschärfen.

Wir hätten eben nicht so viel Platz zur Verfügung, um noch mehr Abstand zu halten, und ihr mit Stacheldraht behangener Zaun sei ja schließlich keine Augenweide. Aber damit konnte ich sie nicht besänftigen, im Gegenteil, wie ihr Zaun aussähe, gehe uns nichts an, und dass sie viel mehr Grundstücksfläche habe, erst recht nicht usw. Ich realisierte in dem Moment, wie mir wiederum das Blut in den Adern gefror und ich in Gedanken eine Hand um ihren Hals legte, mit der anderen genüsslich eine Handvoll frischen Humus in ihren keifernden Rachen stopfte und sie an ihrem Gift erstickten ließ, und gleichzeitig realisierte ich ihre Hilflosigkeit, ihre nach Liebe schreiende Hilflosigkeit, die sich nicht anders zu helfen wusste als damit, andere herumzukommandieren, vergiftet von ihrem eigenen Selbsthass. So beließ ich es bei der Aussage, sie möge ihren Unfrieden mit sich selbst ausmachen und nicht nach außen projizieren, was sie natürlich nicht verstand und was sie noch mehr verärgerte. Sie war es schließlich gewohnt, ihren Gärtner zu befehligen und zurechtzuweisen, wahrscheinlich auch ihren Mann und alle anderen, die ihren Weg kreuzten. Wer glaubt, andere permanent herumkommandieren zu müssen, der kann sich meist selbst nicht leiden und hat sein Herz verschlossen. So schnell entstehen giftige Nachbarschaftsstreitereien, die nicht selten vor dem Kadi enden. Kindergarten! Und ich durfte erfahren, dass das Thema Ohnmacht und Wut längst nicht erledigt ist. Ich bin zwar gelassen geblieben nach außen, aber in mir drin ging ganz schön die Post ab. Wenn ich erwarte, freundlich, respektvoll, ja liebevoll behandelt zu werden, dann muss einer kommen, der da drauf pfeift und mich so darauf aufmerksam macht, dass ich mich um meine Selbstachtung und Selbstliebe kümmern darf.

Willigis Jäger schrieb einmal treffend: „Die Ursache des Leids ist die Vorstellung, dass etwas geschieht, was nicht geschehen sollte". D.h. in uns wird ein Aspekt angesprochen, den wir zutiefst ablehnen, der aber auch zu uns gehört. Da jeder Aspekt, den wir vehement ablehnen, uns im Außen präsentiert werden muss, reagieren wir in diesem Moment entsprechend heftig. Wenn ich es hasse, belehrt zu werden und auch auf keinen Fall belehrend wirken möchte, dann werde ich natürlich spontan ausflippen, wenn mir einer belehrend daher kommt. Und ich muss zugeben, da flippe ich innerlich tatsächlich aus, könnte meine Kinderstube vergessen und rohe Gewalt walten lassen. Aber was mach ich jetzt? Zuschlagen, vielleicht verbal attackieren, runterschlucken, ablenken mit Sport oder Alkohol, auf die Zähne beißen, ärgern und ein Magengeschwür befördern? Klingt alles nach zweitbester Lösung.

Besser ist: Ich weiß, dass das Leben sich nicht irrt und deshalb hat es mir diesen Menschen geschickt, damit ich innerlich wachsen kann. Der Andere kann nicht anders, weil er unbewusst handelt (Herr vergib ihnen…) und er zeigt mir meine Wut, die ja, wie wir wissen, schon vorher da war. Also darf ich mich um meine Wut kümmern. Je labiler wir sind, je gestresster und je latenter die Wut schon an unserer Oberfläche ist, desto geringfügiger kann der Anlass sein, der uns explodieren lässt, z.b. wenn der Nachbar kurzfristig unsere Einfahrt blockiert oder die Mülleimer voll sind oder, oder, oder.

Neben der Wut ist in diesem Falle natürlich noch die ober-lehrerhafte Bevormundung wert, genauer betrachtet zu werden. Hier müssen wir allerdings etwas tiefer gehen. Die Frage, die sich stellt, ist: Wo werde ich sonst noch bevor-mundet oder wo und wie oft bevormunde ich mich noch selbst im Sinne von: Wie oft verrate ich mein Herz, höre ich nicht auf die Stimme des Herzens, sind meine Entschei-dungen, Worte und Taten nicht stimmig? Das alles darf ich überprüfen, wenn ich innerlich wachsen möchte. Am Ende kann ich mich bei dem Auslöser sogar noch bedanken. Danke für den Hinweis! Einer meiner Lehrer, Robert Betz, nannte diese Menschen ganz treffend „Arschengel".

„LACHEN UND IRONIE ERINNERN UNS IM GRUNDE DARAN, DASS WIR KEINE GEFANGENEN DIESER WELT SIND, SONDERN VIELMEHR REISENDE, DEREN WEG DURCH SIE HINDURCH FÜHRT."

Eban Alexander

VERBRANNTE ERDE

Wenn ich Dinge tue aus dem einzigen Grund, dass ich glaube, sie müssten getan werden, um einer gesellschaftlichen, moralischen, institutionellen, gesetzlichen oder familiären Anforderung oder Tradition zu entsprechen bzw. zu gehorchen, obwohl mein Innerstes sich dagegen auflehnt, weil es diese Dinge als sinnlos, unsinnig oder ungerecht, dysfunktional oder diskriminierend empfindet, dann verrate ich in dem Moment mein Herz. Wenn ich mein Herz verrate, mache ich mich schuldig. Über der Schuld liegt die Ohnmacht, darüber die Wut und darüber noch die Angst, abgelehnt zu werden, nicht dazuzugehören. Ich beraube mich selbst meines Herzensweges (oder fühle mich zumindest beraubt), indem ich funktioniere. Natürlich muss mir dann ein „Arschengel" begegnen, der mir genau das auf dem Serviertablett präsentiert, indem er darauf scheißt. Und das macht mich stinksauer.

Ich versage mir also etwas, das eigentlich zu mir gehört, weil ich mir einrede, funktionieren zu müssen, um geliebt zu werden. Dadurch wird die Schuld an meinem Herzensweg jedoch zwangsläufig immer größer und die Wut und die Ohnmacht auch. Ich versuche im Außen etwas zu bekommen, nämlich Anerkennung, Liebe, Zugehörigkeit, um die Leere in meinem Herzen zu überdecken, und wundere mich, dass die darunterliegenden Gefühle durch das Ansammeln von Verrat in meinem Schatten immer mächtiger werden - und gleichzeitig wird damit der unbewusste Selbsthass immer größer, den ich am Ende auf andere projiziere. So entsteht Leid, das ich mir selbst und anderen zufüge.

ZUERST FÜHLST DU DICH SCHULDIG UND DANN SPRICHT DEIN INNERER RICHTER ANDERE SCHULDIG!

Nehmen wir einmal an, ich bin gezwungen, irgendwelche Abgaben zu leisten oder ich muss Pflichten nachkommen, die ich als vollkommen unsinnig und ungerecht empfinde oder ich muss einer Arbeit nachgehen, die ich hasse, oder

Wehrdienst leisten oder ich musste als Kind gehorchen, wurde gemobbt, drangsaliert, weil ich vielleicht körperlich schwächer war als andere oder, und das ist eine der schlimmsten Erfahrungen, ich werde gekränkt, ausgeschlossen oder ausgelacht. Wenn ich dann versuche, durch Anpassung, Verbiegen und den Glauben, leisten zu müssen, also Herzverrat, die Anerkennung und Liebe zu bekommen, die ich mir längst nicht mehr selbst geben kann, weil ich immer denke, dass ich selbst schuld bin, weil ich nicht genüge, nicht gut genug bin, dann genügt oft ein kleiner Anlass, um das Fass zum Überlaufen zu bringen, die Bombe zu zünden.

So fügt sich im Laufe eines Lebens Erfahrung an Erfahrung der harmloseren Art oder schwere Verletzungen, einmalige oder andauernde Ereignisse, besonders in der Kindheit aufgrund der Abhängigkeit von Beziehungspersonen, und auch im Erwachsenenalter gibt es Abhängigkeiten, die ähnliche Auswirkungen haben. Da reiht sich ein Herzverrat an den nächsten und, um damit klarzukommen, verschließen wir unsere Herzen. Milliarden von Menschen laufen mit verschlossenem Herzen durch die Gegend. Millionen haben inzwischen begonnen, ihre Herzen wieder zu öffnen und hinzusehen.

Deshalb ist es so wichtig, bei sich selbst zu beginnen: den eigenen Verrat zunächst erkennen und klären, die Selbstverurteilung zurücknehmen, aufräumen, Verantwortung übernehmen und den Kurs korrigieren. Einzig unser Herz ist in der Lage, sich für Vergebung zu öffnen, der Verstand kann das nicht. Er ist - wie bereits erwähnt - blind und kennt keine Gefühle. Das Herz weiß, dass wir nicht getrennt sind und dass die bedingungslose Liebe zu unserer Grundausstattung gehört, sie ist von Anfang an eingebaut, und nur wenn wir bereit sind, unser Herz zu öffnen, werden wir uns wieder daran erinnern.

Wenn wir weitermachen wie unsere Eltern, Großeltern, Urgroßeltern und Ururgroßeltern, wenn wir weiter verurteilen und spalten, dann fügt sich das Schicksal entsprechend. Verbrannte Erde.

Im Buch „Panikherz" von Benjamin von Stuckrad Barre beschreibt dieser sich selbst in einer wiederum ganz anderen Version der Abwehr der inneren Verstrickungen, man kann wohl sage: des Selbsthasses. Immer auf der Flucht vor einem unverstellten Blick auf sein Dasein landet er im Drogenrausch, in der Bulimie mit Fress-Kotz-Orgien und immer wieder im Drogenrausch. Seine größte Sorge ist dabei, zwischen den Kokain-Exzessen klar werden zu müssen, und sei es auch nur für kurze Zeit. Immer wieder Sucht-Klinikaufenthalte, um nicht ganz abzuschmieren, aber schon vor der Entlassung die Versorgung mit neuem Koks sicherstellend. Während die einen also funktionieren im gesellschaftlichen Getriebe aus Angst, nicht dazuzugehören, schießen die anderen sich ab aus Angst, womöglich in einer Gesellschaft funktionieren zu müssen, die sie doch verachten. Es sind unterschiedliche Reflexe, letztlich aus demselben Grund, seinem Selbsthass, seiner Selbstverachtung nicht begegnen zu müssen. Herzverschluss.

Und dennoch gab es schon immer auch Menschen, die auch unter widrigsten Bedingungen ihre Herzen offengehalten haben, ob auf den Schlachtfeldern unzähliger Kriege, auf den Sklavenmärkten der Vergangenheit und Gegenwart, in den Konzentrationslagern und bei anderen Katastrophen und Leid, von dem es zu allen Zeiten unendlich vieles gab. Immer gab es auch einzelne Menschen, die das Licht in sich trugen, die Stimme ihres Herzens hörten und Leid nicht mit Leid beantworteten, sondern mit Liebe. Ohne diese Lichter in einem Meer von Dunkelheit wäre unsere Erde wohl längst komplett kollabiert.

In einem eindrucksvollen Film des Schweizer Regisseurs Markus Imboden wird am Schicksal eines sogenannten Verdingbubs - das waren an Bauern zum Zwecke der Erziehung und Lebenshaltung fremduntergebrachte Kinder, oft Heimkinder - ein beeindruckendes Beispiel für einen Menschen gezeigt, dem es gelingt, trotz katastrophaler Umstände, sein Herz nicht völlig zu verschließen. Der Junge, seiner Mutter entrissen, wird missbraucht, gequält, drangsaliert, erlebt nichts als Leid und Hass von den bis zur Absurdität völlig verhärteten Bauern-Pflegeeltern. Einzig seine Ziehharmonika und die Liebe zu einem später von den Bauern geschlachteten Kaninchen, und die Liebe zu einem Mit-Verding-Mädchen, die vom Bauern vergewaltigt und daraufhin, weil schwanger, von der Bäuerin getötet wird, hält sein inneres Licht am Leben, bis er am Ende der Hölle entflieht, sich nach Basel durchkämpft, dort auf einem Schiff anheuert und es irgendwie nach Argentinien schafft, wo er als Musiker lebt.

Wenn es immer mehr Menschen gelingt, Leid nicht mit Hass und Verurteilung zu begegnen, sondern mit Liebe, dann wird sich alles verändern.

Manchmal mag es fast leichter sein, bei extremen Erlebnissen, Ereignissen und Begegnungen, wenn das Unrecht derart offensichtlich und schamlos zutage tritt, das Licht im Inneren am Glimmen zu halten, als wenn kontinuierlich scheinbar harmlose unterschwellige, aber freudlose Lebensereignisse unseren Weg kennzeichnen, so dass sich das Herz schleichend und unmerklich immer mehr verschließt, bis wir nur noch durch Schicksalsschläge oder schwerwiegende Erkrankungen oder auf dem Totenbett, weil abgestumpft, verhärtet und verängstigt oder gar nicht mehr, aufmerksam werden. Ich denke, das bisher Aufgezeigte macht deutlich, dass es nicht so weit kommen muss.

Solange wir die Botschaften der Ereignisse in unserem Leben nicht verstehen und weiter verurteilen, werden wir mit Situationen und Menschen konfrontiert werden müssen, die vehement darauf dringen, dass wir an uns arbeiten. Und wenn wir das nicht tun, werden irgendwann zunächst körperliche Empfindungen, dann ernsthafte Symptome und Erkrankungen uns daran erinnern. Es sei an dieser Stelle nur an die psychosomatische Literatur eines Rüdiger Dahlke, Thorwald Dethlefsen oder einer Christiane Beerland verwiesen.

Wenn ich meinen Raum nicht einnehme, der für meine Entfaltung notwendig ist, dann wird einer kommen und sich genau da hinein stellen. Wenn ich aus Angst, etwas zu verpassen, mich überall gierig vordrängle, wird mir die Gelassenheit fehlen, die Schönheit des Augenblicks zu genießen. So strebt alles nach Balance. Wer zu spät aufsteht, verpasst die Morgendämmerung, wer zu früh dran ist, den Sonnenuntergang. Wer verbissen Sport treibt und übervorsichtig oder gar paranoid versucht, sich gesund zu ernähren, der wird erfahren müssen, dass es auch einen liebevolleren, entspannten Weg einer der Gesundheit zuträglichen Lebensführung gibt, und der wird überrascht sein, dass ausgerechnet der Körper schlapp macht.

Im ständigen, unablässigen Bemühen um Erfolg, Anerkennung und Liebe, die wir uns selbst nicht geben können, wird das Höher, Weiter, Schneller, Mehr zur Lebensaufgabe.

Ja, verdammt nochmal, es geht immer wieder um Anerkennung und Liebe, auch wenn sich das für manch vermeintlich Abgebrühten etwas therapeutisch banal und abgenutzt anhören mag. Und Leistung muss sich dabei ja immer mehr auch am materiellen Erfolg messen lassen. Der wird wiederum im Außen gezeigt und macht gleichzeitig Druck, noch mehr (Freizeit-) Aktivitäten folgen zu lassen. Dabei sind wir uns oft nicht mehr bewusst, wie paradox das Treiben der sogenannten Leistungsmenschen ausufern kann. Paradox ist z.B., wenn SUV-fahrende Besitzer von mit Solarzellen bepflasterten freistehenden Einfamilienhäusern mit Pool und Doppelgarage ihre bei Amazon, Zalando und Co. bestellten Markenklamotten vor deren Retoure auf den Malediven ausführen, mindestens 5 Mal pro Jahr in den Urlaub fliegen, dazwischen eine Kreuzfahrt und diverse Städtetrips per Billigflieger einschieben und dann zu Hause und am Rotary-Stammtisch Wert auf Mülltrennung legen, sich über Flüchtlinge und die Spritpreise beklagen und auch noch darüber beschweren, dass die eigene Regierung die Klimaziele nicht einhält oder zu wenig für nachhaltige alternative Energien tut. Wir dürfen uns diesbezüglich alle an die eigene Nase fassen und bewusst machen, was wir denken, sagen und tun.

Manche haben den Wald vor der eigenen Haustür noch nicht betreten, waren aber bereits vor Beginn der Pubertät schon in Thailand, Australien, den USA, Südamerika, vor Hawaii mit Delphinen schwimmen und auf Safari in Namibia! Was treibt die Menschen in diesen exzessiven Pauschalreisen-Wahnsinn? Ist es die Angst, etwas zu verpassen, oder tatsächlich die unbändige Neugier auf fremde Kulturen und die Erforschung des tropischen Regenwaldes, der Tundra und der Suche nach den Ursprüngen der Menschheit? Was treibt jährlich Tausende in den Himalaya auf die höchsten Gipfel, von denen sie oft auch nicht wiederkehren, oder zum Marathon nach New York, Sydney oder dem Iron Man auf Hawaii? Was suchen die Menschen da?

Es ist gewiss auch die Suche nach Glück, nach Sinn, Vergnügen, die inzwischen allerdings ein Ausmaß angenommen hat, dass man sich fragen darf, wieviel Leere und Angst vor Bedeutungslosigkeit bzw. Sehnsucht danach, der eigenen Existenz ein wenig Bedeutung einzuhauchen, dahintersteckt. Oder ist unser Leben zwischen diesen Highlights so bedeutungslos und leer? Natürlich erweitert Reisen den Horizont, wenn dieser nicht am Ballermann längst pulverisiert wurde. Aber wir dürfen dabei prüfen, was uns dazu motiviert bzw. treibt, jede Gelegenheit zu nutzen, dem anscheinend unsäglichen Alltag, der nach wie vor den Hauptteil des Lebens der meisten von uns ausmacht, zu entkommen.

Was wir uns immer wieder fragen dürfen, was wir immer wieder überprüfen müssen: Tun wir etwas, um zu... oder aus purer Freude am Leben?

WIE BLICKST DU AUF DIE WELT? ERKENNE DEINE VOLL-KOMMENHEIT.

Solange wir nur im Außen nach Anerkennung und Liebe streben, leben wir in der Bedürftigkeit und im Mangel. Wer bedürftig ist, ist infolge dessen sich selbst nicht genug und handelt unbewusst aus der Verstrickung heraus. Das betrifft die meisten Menschen, weshalb es uns so außerordentlich positiv auffällt, wenn uns ein wirklich authentischer und wahrhaftiger Mensch begegnet. Wir fühlen uns sofort von diesem Menschen angezogen und berührt.

Unbewusstheit steht der Authentizität und Wahrhaftigkeit im Wege. Ich kann nur in dem Moment authentisch sein, wenn ich die Stimme meines Herzens höre und die Wahrheit meines Herzens lebe. Ich behaupte, niemand ist immer authentisch und immer wahrhaftig, aber es ist unsere Aufgabe im Leben, in diese Richtung zu gehen.

Wer seine Bedürftigkeit, seinen Mangel ausschließlich im Außen zu befriedigen versucht, lebt ständig in der Angst, etwas zu verlieren, nicht genug zu bekommen. Er wird die Bereitschaft verlieren, etwas zu teilen, und seine Gier und äußere Macht als Tugend ansehen und mit Zähnen und Klauen verteidigen, um den inneren Mangel zu überdecken. Wie wir bereits wissen, wird das Ego dabei niemals satt.

Wo Liebe ist, ist keine Angst. Wo Licht ist, ist keine Dunkelheit. Das Ego ist die Dunkelheit, das Selbst ist das Licht. Wenn dein Selbst zum Tragen kommt, verschwindet das Ego und mit dem Ego die Angst. Unsere ganzen Hoffnungen, Ängste und Verzweiflung, unser ganzes Leid beruhen auf dem Ego, das nicht aufhört, uns selbst zu verurteilen und es wird nie damit aufhören, bis es verschwindet. Was uns von unserem Selbst trennt, sind unwahre Gedanken, ist immer wieder die Illusion des Egos, nicht zu genügen, und dass unser Wert am äußeren Erfolg gemessen wird.

Wenn ich also Ablehnung im Außen erfahre, wird es Zeit, mich um ein Ja zu mir selbst zu kümmern und der Angst vor meiner inneren Größe zu begegnen. Der Angst, mich als der zu zeigen, der ich wirklich bin. Wenn wiederum der größte Erfolg und gesellschaftliche Würdigung mich auf meine innere Leere zurückwerfen und mir meine Einsamkeit offenbaren, dann kann ich endlich beginnen, durch meine Selbstablehnung hindurch, die mit ein Antrieb für außergewöhnliche Leistungen war, meinen wahren Wert zu erkennen, der nicht abhängig ist vom Erfolg im Außen, der schon immer da war, bevor ich im Außen aktiv wurde, den ich aber nie gesehen habe.

Durch den Glaubenssatz, nicht zu genügen, weil ich nicht perfekt bin, habe ich Angst, genau mit dieser Unvollkommenheit konfrontiert zu werden. Dabei hat das Leben bereits entschieden, dass ich gut genug bin, sonst wäre ich nicht da. Also ist die Angst eine Illusion und ich darf meine scheinbare ‚Unvollkommenheit' lieben lernen. Wenn wir uns dafür öffnen können, dass wir in Wahrheit vollkommen sind, dann können wir dies als Motivation für unsere Suche nehmen. Das Herz weist den Weg, der Verstand unterstützt die Suche. Schließlich HABEN wir einen Verstand und SIND nicht unser Verstand! Obwohl unsere Angst, und auch die allergrößte Angst, die Angst vor dem Tod, eine Illusion ist, so kann sie doch erst gehen, wenn wir bereit sind, sie anzunehmen, weil sie zu uns gehört. Die

Angst ist das Produkt unserer Vergangenheit. Lass die Vergangenheit los und nimm alle Urteile zurück; betrachte die Dinge urteilsfrei. Dann wirst du mehr und mehr in der Lage sein, deine Vollkommenheit zu erkennen und damit die Vollkommenheit von allem, was ist. Dann erwächst deine Ruhe und Kraft aus deiner inneren Übereinstimmung mit dem Sein. Das Kämpfen, alle Anstrengung hat ein Ende, das Ego löst sich auf. Frieden. Ja zum Leben.

Klingt doch toll, oder? Aber woher willst du den Mut nehmen, deinen Ängsten, deinen Dämonen auch tatsächlich zu begegnen, über den Schatten zu springen, dich als der zu zeigen, der du bist? Dafür brauchst du einen Grund. Also, was ist dein Grund, wofür bis du bereit, dich zu zeigen, deine Stimme zu erheben? Warum bist du auf der Welt? Warum? Begib dich auf die Suche.

WER BEGINNT, IN DEN KATEGORIEN VON GUT UND BÖSE ZU DENKEN, DEM IST DER BAUM DES LEBENS (FRIEDEN UND HARMONIE) VERSCHLOSSEN.

OHNE URTEIL IST BÖSE NUR IN POTENTIA, SO WIE IM LICHT DIE DUNKELHEIT NUR IN POTENTIA IST

Armin Risi

WIE BLICKST DU AUF DIE WELT? ERKENNE DICH IM URTEIL ÜBER ANDERE!

MENSCH SEIN HEISST, VAGE FÜHLEN, DASS VON ALLEN ETWAS IN JEDEM STECKT UND VON JEDEM ETWAS IN ALLEN

Paul Valéry

Wenn wir mehr über uns erfahren wollen, dürfen wir überprüfen, wie wir auf die Welt und die Menschen schauen. Natürlich macht es einen Unterschied, ob ich sage, dass es draußen regnet oder ob ich sage, dass draußen ein Scheiß-Wetter ist. Wenn ich das Wetter als Scheiße empfinde, ist die Wetterlage in mir drin nicht die beste. Und wenn ich sage, dass mich das Wetter ankotzt, dann ist das Wetter gewiss nicht das einzige, was mich irritiert. Sollte ich dann noch nachlegen, dass das Wetter nur deshalb so beschissen ist, weil ICH heute was vor hatte, dann bin ich mit meinem Urteil über mich selbst an einem Punkt angekommen, an dem das unbewusste Urteil über mich selbst leicht in eine Verurteilung des Außen wechseln kann. Wenn wir die Welt als ungerecht und hässlich und die Menschen als schlecht und böse wahrnehmen, dann sollten wir uns fragen, wie ungerecht und schlecht unser Urteil über uns selbst ausfällt. Die Welt ist so wie sie ist, mit all ihrer Schönheit, ihren Tragödien und Katastrophen, und so ist der Mensch. Unser Urteil spiegelt unseren Mangel. Je vernichtender dein Urteil über einen anderen ausfällt, desto größer ist deine Angst vor deinem eigenen Schatten und der eigenen Unzulänglichkeit. Wenn wir uns über den anderen erheben, indem wir uns auf der richtigen Seite mit der richtigen Gesinnung wähnen, quasi das Gute verkörpernd, vergessen wir, dass jeder menschliche Anteil, jede Facette des Mensch-Seins, jeder Abgrund und jede vermeintliche Tugend in uns allen steckt, in uns verborgen ist. Der Teufel und der Engel, das himmelhoch Jauchzende und zu Tode Betrübte sind in jedem von uns angelegt. Die Aufgabe des Anderen ist, uns all das vor Augen zu führen, womit wir nicht im Frieden sind. Wer sich also über den Anderen stellt, ist nicht im Frieden mit der versteckten eigenen Unzulänglichkeit.

Es ist in diesem Zusammenhang von größter Wichtigkeit zu unterscheiden, ob ich etwas verurteile oder schlicht ablehne und für mich nicht möchte.

Wenn wir es z.B. ablehnen bzw. nicht akzeptieren wollen, dass ein deutscher Fußball-Nationalspieler einen Politiker auf Werbetour unterstützt, der die Freiheit einschränkt, die Pressefreiheit, die Meinungsfreiheit, und Menschen wegen ihrer freien Meinungsäußerung einsperrt, machen wir vom Recht unserer freien Meinungsäußerung Gebrauch. Wenn wir diesen Menschen emotional als schlimmen Verräter verurteilen, ohne seine Perspektive einmal eingenommen zu haben, dürfen wir uns bewusst machen, dass wir verurteilen und, wenn möglich, dieses Urteil zurücknehmen. Hinter jeder Verurteilung steht ein Urteil über mich selbst.

Wer solcherlei Kritik wiederum als Rassismus bezeichnet, kann sich fragen, woher dieser Reflex kommt. Der Vorwurf von Rassismus, Nazitum oder Verschwörungstheorie wird gerne dann in den Raum geworfen, wenn die eigenen Argumente ausgehen oder wenn jemand auf vermeintlichem Recht beharren will.

Wie auch immer, es geht hier nicht um richtig oder falsch, Wahrheit oder Lüge, es geht darum, das eigene Urteil zu überprüfen.

Je vehementer ich den anderen als Rassisten bezeichne, umso wichtiger ist es für mich, mir meinen eigenen Verurteiler vor Augen zu führen.

Wenn wir auf die gegenwärtige Situation in unserer Gesellschaft schauen, müssen wir feststellen, dass das Sündenbock-Spiel in vollem Gange ist. Dabei ist es aus psychopathologischer Sicht völlig egal, gegen wen sich der Hass richtet. Wer hasst und verurteilt, der befindet sich im selben Modus der Projektion: Der Hass gegen die Rechten, gegen die Linken, gegen Flüchtlinge, Migranten, Politiker, Schwule, Lesben, Banker, Juden, Christen oder Moslems steht immer für den Selbsthass, für das eigene verschlossene Herz gegen sich selbst. Der Schrei nach Liebe, der kein Gehör findet. Es macht wirklich keinen Unterschied. Nur der, der bereit ist, sein Herz zu öffnen und Verurteilungen zurückzunehmen, durchbricht diesen Mechanismus. Darin liegt die Macht der Liebe, die alles verändert.

DIE FOLGEN VON ANGST UND BEDÜRFTIGKEIT

Vieles, von dem, was wir tun, tun wir aus Angst. Wir schließen beispielsweise eine Krankenversicherung ab, weil wir Angst haben, dass wir krank werden. Wir gehen zur Vorsorge, um uns nichts vorwerfen zu müssen, unser Gewissen zu beruhigen, wenn der Krebs doch kommt. Wir gehen früh ins Bett, um am nächsten Tag fit zu sein, für was eigentlich? Wir schließen eine Reihe von weiteren Versicherungen ab, um unsere Angst im Zaum zu halten, wir verfassen eine Patientenverfügung aus Angst vor ohnmächtiger Hilflosigkeit und dem Ausgeliefertsein, in die wir durch den technischen Fortschritt in der Schulmedizin leicht geraten können, wenn wir unsere Gesundheit vorwiegend der Medizin überlassen. Aus Angst vor Raub und Diebstahl verschließen wir unsere Häuser und Autos und unterschreiben einen Ehevertrag aus Angst vor der Trennung, bevor der Tod eintritt. Wir werten andere ab aus Angst vor der eigenen Wertlosigkeit und zu viel Nähe.

Aus Enttäuschung verschließen wir unsere Herzen und aus Angst vor weiterer Enttäuschung halten wir die Herzen verschlossen und überlassen dem Verstand das Feld. Das Herz wird mit Stents und künstlichen Klappen und Pumpen substituiert und aus Angst vor der Analyse unseres Selbst durch den Verstand schießen wir unseren ‚Denker' ab und bedienen das ‚Es' in uns mit Drogen, Konsumrausch, käuflichem Sex ohne Liebe, egal, der Druck muss weg!

So erfolgen unsere Handlungen wie die Handlungen unserer Politiker, Meinungsführer, der sogenannten Stützen der Gesellschaft, der Firmenlenker, Manager, Lehrer, Priester, der Atheisten und Gottesfürchtigen, der Hass- und der Gutmenschen aus Angst und meist nicht aus Liebe. Wie anders ist der Zustand der Welt zu erklären? Krieg, Konkurrenzkampf, Oligopolbildung, Ausbeutung, Unterdrückung, Manipulation, Korruption, Abschottung, Kontrolle, eine Politik der Angst. Anstieg der chronischen Erkrankungen, Medikamentenabhängigkeit, Einsamkeit, größer werdendes Gefälle zwischen Arm und Reich, Flucht, Hass, Gewalt und die Angst vor dem sozialen Abstieg treibt die Menschen zur Flucht in den Konsum. Die große Mehrheit der Menschen scheint zu glauben, dass sie mehr vom Leben hat, wenn sie mehr konsumiert. Mehr von allem: Vergnügen, Sex, Luxusgüter, Urlaub, Reisen, Information. Alles Suchtmittel, alles Drogen. Auf der Suche, der Jagd nach den perfekten Momenten, nach dem ‚Mehr geht nicht‘, dem absoluten ‚Burner‘, wie eine Frau Geiss aus einer Jetset-Reality-Soap zu krächzen pflegt, verpassen sie das Glück, verwechseln Konsum und Vergnügen mit Glück. Glück, Stille, Frieden, Liebe sind nicht konsumierbar, nicht käuflich. Wir wissen das, wir spüren das und betonen es auch alle immer wieder - und dennoch… Erst wenn das Hirn durch die Droge vollends weggeblasen, alles wegkonsumiert, ausprobiert, umoperiert, inhaliert, alles ausgereizt ist, der Körper geschunden und überzüchtet ist, dann beginnt wieder das Herz zu übernehmen.

Mit Geld und Konsum können wir die Angst wohl nur zeitweilig überdecken. Ihre Macht über uns wird dadurch größer und größer, bis sie dich kriegt.

Einzig die Liebe ist in der Lage, die Angst zu transformieren, dafür muss ich in der Angst stehenbleiben, sie annehmen, innehalten.

116

Das heißt, wir dürfen uns klarmachen, dass wir die Angst nicht wegkonsumieren können, womit auch immer, nicht mit Luxus, nicht mit Drogen, nicht mit Sex oder Alkohol und wir können sie auch nicht wegarbeiten oder delegieren. Sie ist schon da und sie zu ignorieren, manifestiert ihre Macht. Sie ist das Tor in die Freiheit, wenn wir bereit sind, durch sie hindurch zu gehen.

DAS MENSCHENBILD UND DER ZUSTAND DER WELT. WAS VERÄNDERT SICH, WENN URTEILE UND STIGMATISIE-RUNGEN WEGFALLEN?

Dealer, Junkies, Nutten, Hartz4-Empfänger, Arbeitslose, Obdachlose, Beamte, Finanzinspektoren, Ordnungshüter, Hooligans, Einbrecher, Kinderficker, Pädophile, Bonzen, Ausbeuter, Mafiosi, Alte, Kranke, Verrückte, Psychopathen, Behinderte, Raucher, Anorektische, Adipöse, Messies, Terroristen, Anarchisten, Nazis und Pazifisten, Islamisten, jedem sein Stigma. Wer bleibt denn da noch übrig? Die Normalen?

In einer polaren Welt gehört es zum Mensch-sein, zu urteilen. Daran ist nichts auszusetzen, wir müssen sogar urteilen, um entscheiden zu können. Letztlich geht es aber darum, ob wir uns unserer Urteile auch bewusst sind, d.h. was unser jeweiliges Urteil über den anderen mit uns zu tun hat. Ein bewusstes Urteil ist allemal besser als unbewusste Political Correctness, also Scheinheiligkeit. Ich kann mich persönlich sehr gut aufregen über alles Mögliche, z.B. die Chill-Fraktion. Besonders, aber nicht nur unter den jungen Unaufgeregten gibt es eine Sorte, die immer alles total ‚gechillt' sieht. Wenn man sich über gefühlte Missstände aufregt, mal richtig wütend wird, dann kommen die gern mal mit dem oberdämlichen Spruch: Chill doch mal! Das bringt mich dann erst recht in Rage. Und ich finde es auch wichtig, dass wir uns aufregen, das gehört doch auch zu dem, was uns als Menschen ausmacht. Wut, Zorn, Ohnmacht, dahinter steckt eine gewaltige Kraft, Wut ist nicht schlecht, sie gehört zu uns und ist eine extrem wichtige Motivation, eine Triebkraft für Veränderung! Wir dürfen wütend sein!

Meine Wut gehört mir, und wenn sie - durch was auch immer - ausgelöst wird, dann ist es meine Wut, die mir unter anderem die Kraft gibt, mich neu zu entscheiden. Ich muss mir einfach nur bewusst sein, dass das Ereignis, die Person, die mir begegnet, nur der Auslöser ist und es Zeit ist, eine Entscheidung zu treffen, wenn ich nicht will, dass mir eine ähnliche Situation wieder und wieder begegnet, um mich immer wieder auf mein Problem hinzuweisen. Wenn ich anerkenne, dass meine Wut einen tieferen

Grund hat, und wenn ich mir auf die Schliche komme, welcher Glaubenssatz, welches Urteil über mich, die anderen, die Welt dahintersteckt, dann kann ich innerlich wachsen oder wie die Autorin Safi Nidiaye schrieb: „Nimm die Situationen, die dir begegnen, an. Sie zeigen dir, was du denkst. Das ist inneres Wachstum. Sei böse, wenn du böse bist und gut, wenn du gut bist. Dein Hass, was ist er anderes als Liebe, die nicht gehört wird. Die Grausamkeit des Bösen: Was ist sie anderes, als Liebe, die keinen Ausweg weiß. Eingesperrt im Inneren klopft sie und schreit sie und erzeugt Wellen von Wut."

Wenn ich nur noch rumchille, dann bin ich tot, erleuchtet oder völlig breit. Also aufregen, ohnmächtige Wut fühlen und nutzen!

Der Respekt, den ich jedem anderen dabei erweise, entspricht dem Respekt mir selbst gegenüber. Wer sich selbst respektiert, kann niemand anderen respektlos behandeln. Und so ist jedes Urteil auch immer im Zusammenhang mit dem Respekt gegenüber dem anderen zu sehen. Wenn ich die Gesinnung eines ‚Nazis' verurteile, dann heißt das nicht, dass ich den Menschen, dessen Gesinnung ich verurteile, respektlos behandeln muss. Vielmehr dürfen wir prüfen, wieviel Nazi in uns allen ist. Wenn ich jemanden als Nazi beschimpfe und versuche, mich damit über ihn zu stellen mit meinem pazifistischen Toleranzgebaren, stellt sich die Frage, wie fest meine Gesinnungstoleranz tatsächlich ist. Je härter mein Urteil ausfällt, umso größer die Nähe zum vermeintlich Abwegigen. Das ist ja eine alte Erkenntnis unter Psychoanalytikern. Je fanatischer der Moralapostel, umso größer der unbewusste Trieb, mal so richtig über die Stränge zu schlagen und alle Hemmungen zu verlieren. Ebenso verhält es sich mit den Urteilen über die sogenannten Verschwörungstheoretiker. In diesen Topf wird mittlerweile ja jeder gesteckt, der Missstände aufzeigt, die dem Mainstream der Meinungsmacher verdächtig erscheinen. Es reicht inzwischen schon, Fragen zu stellen, die mit dem offiziell Abgesegneten nicht korrespondieren. Immer mehr Menschen riechen den Braten, spüren, dass es zu müffeln beginnt. So wird es irgendwann nicht mehr reichen, die Fragensteller und kritischen Geister einfach in eine Ecke zu stellen, aus der die Stigmatisierten nur sehr schwer wieder herauskommen. Die Luft derjenigen wird dünner, die glauben, die Meinungshoheit abonniert zu haben. Aber auch unter diesen wird es immer mehr Menschen geben, die das erkennen und beginnen, auf ihr Herz zu hören, anstatt alten Kopfreflexen zu folgen. Inzwischen werden schon Friedensforscher, die laut Fragen stellen und sich nicht mit offizieller Meinungsmache und einem Basta von irgendeinem korrupten Politiker zufriedengeben, denunziert, enthabilitiert und zur Jagd durch die Medien freigegeben. Da stellt sich doch die Frage, wovor haben die Mächtigen im Lande Angst? Vielleicht, dass sie sich in ihrem eigenen Urteil täuschen könnten? Schon immer haben die Mächtigen auf ihrem ‚Recht' beharrt, das sie schließlich erst an die Macht gebracht und an dieser dann liebgewonnenen Macht gehalten hat. Schon immer wurde vehement dieses ‚Recht' verteidigt bis zum Letzten, bis der Schwindel schließlich jeweils aufflog. So hat ein Jeder, im besonderen Politiker, Recht, bis seine Lügen, Intrigen, Seilschaften auffliegen. Inzwischen ist es sogar an der Tagesordnung, dass Politiker gewählt werden, deren Menschen verachtende Gesinnung allseits bekannt ist, nur weil sich die Wähler Vorteile für sich selbst erhoffen. Dafür ist man bereit, Recht in alle Richtungen zu beugen. Denken wir an die Erdogans, Putins und Trumps dieser Welt. Sie sind nur möglich geworden durch das Einfangen von Wählern, deren innere Haltung von einem blinden Verstand gesteuert wird und die ihr Herz längst verschlossen haben. Aber auch deren Herz kennt die Wahrheit, weiß den Weg und es ist unsere Aufgabe, die wir unsere Herzen geöffnet haben, auch die Herzen all jener zu berühren, deren Herzen noch verschlossen sind und sie nicht zu verurteilen. Und deshalb führen die Erdogans, Putins und Trumps uns in dieser Transformationszeit vor - und dafür dürfen wir uns bei ihnen sogar bedanken -, dass es endlich Zeit ist, sich neu zu entscheiden. Wie lange wollen wir noch dem unwürdigen Treiben zusehen? Frag dein Herz!

Ein verschlossenes Herz, geboren aus Selbstunliebe, ja Selbsthass, macht aus einem scheinbar toleranten, sich selbst auf der ‚Gutmensch'-Seite wähnenden frömmelnden Christen, der vehement, gar aggressiv unbewusste Altgestrige, Rechtsorientierte verurteilt und sich selbst als Moralapostel aufführt, zu einer ebenso gefährlichen, weil ebenso unbewussten Zeitbombe.

Der Paradigmenwechsel auch in der Politik spielt sich längst nicht mehr nur in diesen Rechts-Links-Dimensionen ab. Worum es gehen muss, und darin liegt die Transformation, ist Bewusstheit, Achtsamkeit und das Wichtigste: Herzöffnung, Herzensbeziehungen statt Gehirnwäsche. Es ist doch egal, wie ich das Kind nenne, ob Demokratie, Autokratie, soziale Marktwirtschaft oder Diktatur, es geht um die innere Haltung: Liebe oder Angst, Hartherzigkeit, Verurteilung oder Mitgefühl und Vertrauen? Darum wird es in Zukunft gehen! Wie viele müssen eigentlich noch kommen und das immer wieder betonen, bis der letzte Kandidat seine Antennen ausfährt?

Ich muss mich manchmal wundern, wie viele hochintelligente Menschen es gibt, die um tausend Ecken denken können und in der Lage sind, Algorithmen zu entwickeln oder zu entschlüsseln, denen ich längst nicht mehr folgen kann, die aber kaum Herzensbildung haben, nicht wissen, wie Leben funktioniert und von ihrem Ego und Denker vereinnahmt, in die Irre rennen. Dabei müssten sie nur einmal in Erwägung ziehen, dass alle Antworten längst existieren und sie längst am Ziel sind, wenn sie nur bereit wären, ihr Herz dafür zu öffnen, dass sie mehr sind als ihr Verstand, dass sie mehr sind als ihr Ego.

Mein Herz für mich selbst zu öffnen, bedeutet, in Erwägung zu ziehen, dass ich richtig bin, dass ich - wie jeder andere auch - mein Bestes gebe, in jedem Moment und bereit bin, das zu würdigen.

DEIN VERSTAND VERMITTELT DIR DIE ERFAHRUNGEN
DEINES EGOS IN DER VERGANGENHEIT

DEIN HERZ VERMITTELT DIR DIE ERFAHRUNGEN DEI-
NES SELBST IM JETZT

LOOB

Einige Grundlagen zur Psyche

Wenn wir über die Psyche sprechen, dann meinen wir im allgemeinen bewusste und unbewusste Vorgänge der Kognition und Emotion, intellektuelle und geistige Fähigkeiten, die unsere Selbstwahrnehmung und Identitätsbildung beeinflussen. Die Vorgänge der menschlichen Erfahrung sind Sinneswahrnehmungen, Gedanken, Gefühle, Empfindungen oder körperliche Symptome. In der Psychohygiene, in der Psychotherapie versuchen wir, mit Hilfe von Klärung, Bewusstsein und Achtsamkeit diese psychischen Vorgänge aus der Unbewusstheit zu holen, einmal abgegebene Anteile unserer Persönlichkeit wieder zu integrieren.

Während der Verstand die Wahrnehmungen aufgrund der Erfahrungen und des Wissens der Vergangenheit beurteilt, klassifiziert, kategorisiert, entstehen negative Emotionen aus der Bündelung dieser Erfahrungen, sind immer die Folge von meist unwahren Gedanken des Verstandes, wie z.B.: Das Leben ist gefährlich, der Mensch ist schlecht, ich muss mich anstrengen, ich muss funktionieren usw.

Durch Hinzufügen von Wissen und neuen Erfahrungen verändert sich die Wahrnehmung hin zu neuen Gedanken und damit auch Gefühlen im Sinne einer Rücknahme von Urteilen und Transformation von Gefühlen.

Die Verletzungen der Vergangenheit - meist sprechen wir hier vom verletzten inneren Kind - führen zu einer verzerrten Wahrnehmung dessen, was ist. Das Kind entwickelt in Zeiten der Not sogenannte Überlebensstrategien, die dann noch die Muster des Erwachsenen unbewusst beeinflussen. Somit trägt jeder Mensch gesunde, traumatisierte und Überlebensanteile in sich. Inneres Wachstum geschieht durch Vergrößerung der gesunden Anteile und Klärung und Transformation von traumatisierten und Überlebensanteilen.

Es kommt zu zwischenmenschlichen Konflikten, wenn die Glaubenssätze und die Muster verletzter Anteile des jeweiligen inneren Kindes aufeinandertreffen. Diese Vorgänge sind den meisten Menschen unbewusst und führen immer zu Verurteilungen und Verstrickungen. Klärung, Übernahme von Verantwortung und Rücknahme von Verurteilungen lösen Konflikte.

So beschreibt Robert Betz in seinem Buch: „Raus aus den alten Schuhen": „Es gibt keine bösen oder schlechten Menschen. Es gibt nur bewusste und unbewusste Menschen, solche, die aus der Angst und Wut des kleinen Kindes heraus handeln, und solche, die ihr Herz für das Kind in ihnen geöffnet haben, es verstehen und seine Gefühle bewusst annehmen und fühlen. Die Welt ist eine Welt voller ängstlicher, verletzter, gekränkter und wütender Kinder in erwachsenen Körpern, die danach suchen, gesehen und geliebt zu werden. Ein wütender Mensch ist immer jemand, der nach Liebe ruft und seine Wut, die er auf sich selbst empfindet, auf andere richtet. Erst wenn wir das Kind in uns sehen, verstehen, annehmen und lieben lernen, wachsen wir aus den ‚alten Schuhen' hinaus und werden wirklich erwachsen. Erst dann hören wir auf, das ‚Opfer' zu spielen und fangen an, bewusst das zu erschaffen, wonach unser Herz sich sehnt."

Was verändert sich, wenn unser Herz die Führung übernimmt und unser Verstand lediglich unserer Herzensweisheit dient?

Zunächst einmal wird aus der gefühlsmäßigen Handlungsmotivation der Angst, des Misstrauens und der Kontrolle, die die Welt in den Kampf, Mangel, Hass, d.h. den Abgrund geführt haben, Liebe, Vertrauen und Mitgefühl, ohne die eine Potenzialentfaltung des Einzelnen nicht möglich ist. Während die Angst den Mangel vergrößert und damit den Kampf um Ressourcen, ist in einer Welt der Liebe, des Vertrauens und Mitgefühls kein Mangel und damit kein Anlass für Kampf, Misstrauen und Kontrolle. Statt des ängstlich hortenden Egos rückt das Gemeinwohl, die Verbindung in den Vordergrund. Dabei entfaltet sich das Potenzial des Einzelnen in seiner Einzigartigkeit in der Verbindung mit allem, was ist.

Das Unterbewusstsein, das Unbewusste und das Überbewusste

Im Unterbewusstsein sind all unsere Erfahrungen und Emotionen gespeichert, die wir jemals gehabt haben. Erinnern können wir uns nur an einen Bruchteil davon, dennoch wirken sie aus dem Unterbewusstsein heraus und beeinflussen unsere Gedanken, unsere Gefühle/- Emotionen, unser Handeln und Empfinden. Sie können durch Selbstreflexion bewusst gemacht werden.

In der Psychoanalyse wird oft alles, was im Unterbewusstsein gespeichert ist, gedreht und gewendet, analysiert und dabei wird oft sehr viel Zeit verloren und das Problem nicht wirklich gelöst, d.h. es geschieht keine Heilung. Entscheidend sind immer die Themen, die uns in unserem Energiefluss blockieren, mit denen wir im Unfrieden sind.

Das Unbewusste wird umgangssprachlich häufig mit dem Unterbewussten verwechselt. Laut dem »Lexikon der Psychologie« (Spektrum Akademische Verlag GmbH Heidelberg, 2001) liegt das Unbewusste eine Ebene tiefer als das Unterbewusste. Dort liegen Daten, etwa aus der Ahnenlinie oder aus früheren Inkarnationen und Daseinsformen, die durch Selbstreflexion nicht zugänglich sind.

Das Überbewusstsein bezeichnet eine weitere Stufe des Bewusstseins. Sie ist das höchste Bewusstsein, der Zugang zu unserem Höheren Selbst, unserer Seele, zu dem wir z.B. durch Meditation Zugang finden können. Im Überbewusstsein liegt die Idee zu unserem Leben, unsere Bestimmung.

Wissen und Verstehen

Etwas zu wissen heißt nicht, dass wir es auch verstanden haben. Verstehen bedeutet, es auch mit dem Herzen anzunehmen. Alles, was wir gegen unser Herz denken und tun, ist Verrat und ist gegen die Liebe. Viele spirituelle Lehrer haben es wieder und wieder gesagt. Es gibt nichts zu lernen, wir müssen ent-lernen, uns erinnern, denn unser Herz weiß bereits alles. Wir haben lediglich die Verbindung verloren.

Der Neurobiologe und Buchautor Professor Gerald Hüter erläutert zum Thema Wissensgesellschaft: „Wer in der Konsumgesellschaft zum Objekt der Wissensgesellschaft gemacht wird, ist immer bedürftig! Er ist darauf getrimmt, nie zu genügen, immer nach Bedeutsamkeit und Macht zu streben. Das ist es, was wir unseren Kindern eintrichtern bzw. was uns als Kinder eingetrichtert wurde." Mach was aus dir, denn du bist nichts. Die bedingungslose Liebe dagegen, zu der wir nur über Herzöffnung Zugang finden, gibt dem Einzelnen Anlass, sich selbst genug zu sein, sie gibt Vertrauen und Stabilität.

DAS ENDE DER POLITIK DER ANGST

Die Angst-getriebene Gesellschaft hat natürlich erhebliche Auswirkungen auf die Politik und die von ihr gewählten Politiker, die ja lediglich der Spiegel der Befindlichkeiten dieser Gesellschaft sind. Deshalb ist es interessant, sich einmal die Auswirkungen einer Politik der Angst und des Mangel-Denkens anhand des Bedingungslosen Grundeinkommens (BGE) anzusehen, das immer lauter diskutiert und von größer werdenden Teilen der Gesellschaft gefordert wird.

Ein Großteil der Ausgaben in der Volkswirtschaft in Deutschland fließt in nicht wertschöpfende Tätigkeiten: Da wäre z.B. die öffentliche Verwaltung von Steuern, Abgaben, Fördermitteln, von Bürokratieleichen, Versicherungen, Subventionen und deren Gegenfinanzierungen, von Gerichtsverfahren, der Polizei, der Bundeswehr, die Verwaltung von Arbeitslosen, Hartz4-Empfängern, Finanzierung von Sozialdiensten wie Drogen- und Suchtberatung, oder von Familien-, Schuldenberatung und unendlich vielem mehr.

Wenn über das Thema eines Bedingungslosen Grundeinkommens in Deutschland oder anderswo in Europa diskutiert wird, kommen die Ängstlichen und Bedenkenträger postwendend immer mit dem reichlich absurden Argument der Nicht-Finanzierbarkeit und dem zweiten Hauptgegenargument, dass bei der Auszahlung eines Grundeinkommens, von den vielen faulen Leuten, die es sich in der sozialen Hängematte eingerichtet hätten, doch keiner mehr motiviert wäre, zu arbeiten. Diejenigen, von denen dieses Argument jeweils geäußert wird, zählen sich selbstverständlich nicht dazu, da sie ja gerne arbeiteten und sich als Leistungsträger und Rückgrat der Gesellschaft sehen, selbst wenn sie Arbeitslosigkeit verwalten, Versicherungen betrügen, Subventionen verschleudern oder Steuern hinterziehen.

Ein Großteil der Haushaltskosten fließt also letztlich in die Verwaltung von Mangel auf allen möglichen Ebenen, ist somit nicht wertschöpfend. Das Argument der Nicht-Finanzierbarkeit eines bedingungslosen Grundeinkommens ist eindimensional und ein rein Angst-Getriebenes und kommt meist von Menschen, die selber Angst haben, dass sie am Ende weniger von irgendetwas haben könnten. Nebenbei ist es nicht unwichtig, einmal wahrzunehmen, dass, wenn ich Angst vor einem Verlust habe, ich ja bereits selbst in diesem Angstzustand lebe, d.h. die Angst ist schon da. Die Verlustangst beruht auf Mangeldenken. Ich darf mich dann fragen, ob ich in dieser Angst weiter leben möchte?

Wenn ich bereit bin, mein Menschenbild zu überprüfen und den Maßstab meines Denkens von Angst auf Liebe verändere, dann komme ich zwangsläufig zu der Erkenntnis, dass jeder Mensch ein soziales Wesen ist, das danach strebt, sein Potenzial in der Gemeinschaft zu entfalten und Sinn und Geborgenheit zu erfahren. Dass in unserer Leistungsgesellschaft viele aufgegeben haben und ihr Heil allein in der sozialen Hängematte, in der Sucht oder Kriminalität suchen, ist doch eher die Folge von Verzweiflung und Stigmatisierung als eine selbst erstrebte Form der Lebensführung. Diese Menschen fühlen sich schlicht abgehängt und chancenlos, nutzlos, nicht gebraucht, was wiederum in einen Abwärtsstrudel führt, der vom Staat, also von uns allen finanziert werden muss:

Polizei, Arbeitsagentur, Sozialgerichte, Drogenkriminalität, Sozialarbeit usw.

Goetz Werner, der Gründer der dm-Märkte und seit vielen Jahren Verfechter des BGE betont, wie wichtig es ist, es den Menschen zu ermöglichen zu arbeiten, indem jeder durch das BGE mit dem Nötigsten versorgt wird, das ihn wiederum erst in die Lage versetzt, arbeiten zu können. Der persönliche Beitrag jedes Einzelnen hat dabei sehr viel mit der eigenen Würde, Selbstwertschätzung, Anerkennung und der Integration/Inklusion in einem Gesellschaftsgefüge, mit Motivation und Gemeinsinn zu tun, was in einer stigmatisierenden Gesellschaft wie der unseren immer mehr verloren zu gehen droht.

Nehmen wir einen 16-Jährigen Jugendlichen ohne Schulabschluss, der täglich am Bahnhof herumlungert mit seinen ebenfalls perspektivlosen Kumpels, sich von der Gesellschaft abgestoßen fühlt und seine Zeit mit Trinken, Rauchen, Dealen, Einbrüchen und Diebstählen verbringt. Wenn wir ihn und seine Kumpels in die Gesellschaft zurückholen, indem wir allen und damit auch ihnen eine Grundsicherung bezahlen und ihnen damit signalisieren, dass sie dazugehören, nicht vergessen werden, welches Potenzial kann dann frei werden?

Hoffnungslosigkeit, Ziellosigkeit, Frust, innere Leere, Einsamkeit, Selbstunliebe und das Gefühl der Wertlosigkeit führen in die Kriminalität, Sucht, sinnlosen Konsum, Aggression, Radikalisierung.

Wenn all die Menschen, deren Potential verloren geht, ihren Selbstwert wiederfinden, was könnte daraus entstehen? Dazu gehören auch die stillen Alten, Langzeitarbeitslosen und natürlich Alleinerziehende, die maßlos Unterbezahlten und prekär Beschäftigten. Jeder möchte aus einem inneren Bedürfnis heraus etwas beitragen, möchte eine Aufgabe und ich bin überzeugt, jeder kann und will seinen Beitrag leisten innerhalb der Gesellschaft. Aber bisher geben wir dieses Potenzial verloren, indem wir diesen Menschen keine Chance geben. Mit Hartz 4 werden sie stigmatisiert, dafür stecken wir Milliarden in die Drogen-, Suchtbehandlung, Kriminalitätsbekämpfung, Strafvollzugsanstalten, endlose Gerichtsverfahren, Polizei und nicht zu vergessen die Folgeschäden der Kriminalität. Das Gesund- oder viel mehr Krankheitswesen kollabiert nicht zuletzt

aufgrund der Folgen von Selbstablehnung und -verur-
teilung in einer Gesellschaft des Scheiterns.

Dies ist kein Buch über das Bedingungslose Grundeinkommen, aber ich finde, dass das BGE ein sehr gutes
Beispiel dafür ist, welche Auswirkungen es auf eine Gesellschaft haben kann, wenn nicht Angst die Grundlage des
Handelns bleibt.

Ein weiteres angstgetriebenes System ist auch das Steuersystem. Warum? Das Steuersystem dient ja eigentlich
dazu, dem Staat die Mittel zur Verfügung zu stellen, um
das Gemeinwesen zu organisieren. Soweit so gut, allerdings ist dieses System aus Sorge der Menschen, übervorteilt, vernachlässigt oder überbeansprucht zu werden,
völlig aus dem Ruder gelaufen. Es hat sich zum Zwecke der
angeblich gerechten Verteilung der Steuerlasten, aber
eben auch zur Vertuschung, Angebot und Ausnutzung von
sogenannten Schlupflöchern derjenigen, die den größten
Einfluss nehmen können, zu einer aberwitzigen, an Komplexität nicht zu überbietenden Krake und einem schier
unüberwindbaren Wust von Steuergesetzen entwickelt.
Diese können nur noch durch Heerscharen von sich ausschließlich mit Steuerangelegenheiten befassten Beratern

auf der einen Seite und Inspektoren auf der anderen Seite verwaltet werden. So vergessen die meisten oder haben den Glauben daran längst aufgegeben, dass es ja Sinn machen könnte, dieses Steuersystem erheblich zu vereinfachen und damit unendlich Kosten einzusparen, die ebenfalls nicht wertschöpfend sind. Zum Beispiel indem man einen Großteil der Steuern abschaffen und in die Produktsteuer einfließen lassen würde, z.b. die Einkommenssteuer, die ja sowieso über die Bezahlung der Einkommens-/Lohnsteuer für den Mitarbeiter bereits im Produktpreis enthalten ist. Dies wiederum hätte zur Folge, dass der in Deutschland so wichtige Mittelstand erheblich mehr Menschen beschäftigen könnte, weil diese dann wieder finanzierbar wären, denken wir nur an das Handwerk, den Bäcker, die Gastronomie, den Friseurladen und viele Dienstleistungsbetriebe, die Pflege usw. Natürlich müssten sich unzählige hochbezahlte Beschäftigte im Steuerverwaltungswahnsinn nach sinnvollen Tätigkeiten umsehen. Durch ein BGE wären sie dazu ja auch ermächtigt.

Wenn wir des Weiteren davon ausgehen, dass Wachstum endlich ist - und nur ein Tor könnte das wahrhaft anders sehen - dann müssen wir uns über eine Postwachstumsökonomie Gedanken machen und ich empfehle da dringend die Lektüre der Werke des Volkswirtschaftlers und Wachstumskritikers Professor Niko Paech. Er fordert unter anderem die Rückverlagerung von Produktionskapazitäten ins Inland, auch um weiterhin eine wertschöpfende Produktivität zu erhalten, die für den Import tatsächlich dringend benötigter, nicht im Umland verfügbarer Waren notwendig ist. Globalisierung und unendliches Wachstum seitens der Politik als Garant für allgemeinen Wohlstand zu definieren, riesige Exportüberschüsse als Wert an sich zu proklamieren oder es für erstrebenswert zu verkaufen, auf Kosten der lokalen Wirtschaft, das ganze Jahr über Erdbeeren oder Tomaten essen zu können, sowie Elektronik und Bekleidung zum Spottpreis einkaufen zu können, zeugt von der Unwissenheit der handelnden Personen oder unterschlägt schlicht, dass die Gewinne aus den globalen Waren- und Finanzströmen ohne Regulierung stets in die Taschen der weltweit vernetzten Kapitaleigentümer fließen und zu Lasten der Menschen gehen, die diese Waren produzieren bzw. für die Kapitaleigentümer arbeiten, jedoch nicht im Besitz von z.B. großen Aktienpaketen sind.

Wer ist sich schon darüber bewusst, dass ein hoher Exportüberschuss das Geld ins Ausland abfließen lässt, im Inland die Löhne drückt und nur dem Wohlstand weniger dient, die die Fäden ziehen und, von Angst und maßloser Gier geleitet, dies als Fortschritt verkaufen. Die Menschen werden mit wertlosem Konsum, Unterhaltung und Sonderangeboten auf allen Ebenen beschäftigt, um sie von ihrer inneren Leere abzulenken. Je mehr Menschen allerdings das System dahinter durchschauen, desto weniger wird es funktionieren.

Was anderes als Angst steckt dahinter, wenn die Regierung sich der schwarzen Null rühmt, die, und das weiß jeder, der sich nur am Rande über Geldpolitik informiert, doch offensichtlich lediglich auf eine künstliche Niedrigzinspolitik zurückzuführen ist und damit als Raubbau am Sparer bezeichnet werden kann? Wo bleibt das Vertrauen in den mündigen Bürger, von dem immer wieder gesprochen wird?

Die Politik der Angst und des Misstrauens wird scheitern. Alles, was aus der Unliebe geboren wurde, drängt jetzt ans Tageslicht. Die Entfesselung und Deregulierung des Finanzsystems begann bereits Mitte der 70er Jahre, nachdem zur damaligen Zeit die Märkte bereits gesättigt waren. In Form von neuen Finanzprodukten wie Derivaten, Hedge-Fonds, Leerverkäufen von Aktien, Handel mit Schulden, oder von jedermann abschließbaren Kreditausfallversicherungen hat dies zu unzähligen Firmenpleiten beigetragen und mündete zunächst in der Krise von 2006/7, als fallende Immobilienpreise in den USA zum Zusammenbruch von Großbanken hätte führen müssen. Diese Großbanken wurden damals als ‚too big to fail' deklariert und mussten vom Steuerzahler unfreiwillig gerettet werden. Heute sind trotz dieser desaströsen Krise die Risiken der Geldwirtschaft größer denn je. Vertreter der Großbanken sind direkt in die Regierungen von EU-Ländern eingezogen und die Freifahrkarte eines ‚too big to fail' führte bis heute zu einer nie dagewesenen Aufblähung der Geldmenge und einem unumkehrbaren Niedrigzinssatz zur Vermeidung des Risikos von Massenpleiten und eines gigantischen weltweiten Schuldenbergs. Durch die Spekulationsblase steht das gesamte Finanzsystem mittlerweile auf tönernen Füßen. Dies wird in den Büchern von z.B. Dr. Markus Krall, einem Risikomanager, Managementberater und Buchautoren in „Der Draghi Crash" oder dem Journalisten Ernst Wolff in „Der Finanztsunami" auf eindrucksvolle Art deutlich.

Wenn wir die vom Kapital beherrschte globale Finanzpolitik einmal vergleichen mit einem Messer, dann zeigt sich sehr schnell, wie entscheidend das Motiv des Einsatzes des jeweiligen Instrumentes ist. Ich kann mit dem Messer ein Brot teilen - das wäre ein Akt der Liebe - oder ich kann es benutzen, um einen Menschen zu bedrohen, zu töten oder ein Tier zu schlachten. Das hat mit Liebe nicht mehr viel zu tun. Die Finanzpolitik kann ich einsetzen, um Geld zu drucken und aufzuteilen. Dabei entspricht die Geldmenge dem Wert der produzierten Waren und Dienstleistungen, um diese miteinander austauschen zu können und Handel und Arbeitsteilung zu ermöglichen. Das wäre ein Akt der Liebe, - oder ich kann es benutzen, um z.B. mit einer Zinseszins-Politik Menschen zu unterdrücken, abhängig zu machen, zu erpressen, zu bestechen, zu lenken, gefügig zu machen, zu töten, zu foltern, zu ruinieren, Kriege anzuzetteln, Menschen auszubeuten, um den Reichtum Weniger ins Unermessliche zu treiben usw. Letzteres ist der Zustand, in dem wir uns befinden. Längst hat das Geld den ursprünglich in antiker vorchristlicher Zeit gedachten Einsatzzweck verlassen und wird nun seit Jahrhunderten mehr als Waffe, als Mittel der Trennung und Spaltung denn der Verbindung benutzt, während der Mensch, vom eigentlichen Zweck entmachtet, verkommt als Mittel zum Zweck der Mehrung des Kapitals weniger, nämlich derer, die unter anderem die Finanzpolitik bestimmen. Das Motiv ist Gier und Angst.

Die Situation in der Welt macht uns Angst, keine Frage. Die Bedrohungen durch das aktuelle Finanzsystem, wozu auch der Euro gehört und die Politik der EU in Brüssel, haben zu einem enormen Risiko eines Zusammenbruchs des Geldsystems und damit unglaublich vieler Unternehmen geführt. Es gibt Stimmen, die behaupten, dass dieser nur durch weitere Kriege hinausgezögert werden könne, wie es bereits in der Vergangenheit praktiziert wurde.

Die entscheidende Frage ist: Wie gehen wir damit jetzt um? Wie gehen wir mit der Angst um?

Eine Angst-getriebene Revolution, ein Bürgerkrieg, ein gewaltsamer Aufstand, der die als ,schuldig' Ausgemachten wie in der Vergangenheit eliminiert, wird unserem inneren Wachstum und damit der Weiterentwicklung der Menschheit nicht dienen, sie wird lediglich zu neuen Verwerfungen führen.

Wir müssen die Angst annehmen und bereit sein, sie zu fühlen, und auch die Wut und die Ohnmacht und sie in Liebe verwandeln. Wenn wir uns weiterentwickeln wollen, dann darf nicht Angst, Hass, Verurteilung und Bestrafung unsere Handlungsentscheidungen lenken, sondern Liebe. Wenn wir unserem Herzen folgen und Urteile sowie Verurteilungen zurücknehmen, zusammenstehen im Bewusstsein, dass wir ALLE verbunden sind, dann können wir etwas Neues schaffen, das über dem steht, was vorher da war. Wir werden materielle Einschränkungen annehmen müssen, aber unsere Herzen werden singen und erfüllt sein von Freude.

Ein Wort zum Schulsystem.

Wie sieht es mit dem Schulsystem in Deutschland aus? Aus Angst vor Kontrollverlust der Regierungsorgane des Staates und der Länder sind nicht nur alle Verwaltungssysteme erstarrt, auch das Schulsystem ist unflexibel, veraltet und verkrustet. So sind wir z.B. seit vielen Jahren nicht in der Lage, den teilweise akuten Lehrermangel auszugleichen und begründen das mit der Angst vor Qualitätsverlust, weil wir in Wirklichkeit noch verhaftet sind in einem Lehrer-Ausbildungs- und Schulsystem mit Kultusministerien, unzähligen sich selbst verwaltenden Schulämtern, das noch zu keiner Zeit wirklich fähige Lehrer aus sich heraus hervorgebracht hat. Ich kann mich kaum an fähige Lehrer aus meiner Schulzeit erinnern, dafür an weltfremde, beziehungsgestörte, frustrierte, gestresste Burnout-Kandidaten, von denen die meisten Kinder noch nicht einmal mochten, einige meiner Lehrer endeten sogar im Suizid, trotz Pädagogik-Studium.

Gute Lehrer können nicht an einer Hochschule in irgendwelchen halbseidenen Pädagogik-Vorlesungen gezüchtet werden. Gute Lehrer entfalten sich aus sich selbst heraus und aus einem gelebten Leben. Sie sind sich ihres inneren Kindes bewusst und in der Lage, echte Herzensverbindung zu ihren Schülern herzustellen. Solche Lehrer sind in der Regel selten krank, jammern wenig und erleiden auch keinen Burnout. Nebenbei werden sie von ihren Schülern geliebt! Was, außer Angst, spricht beispielsweise dagegen, Menschen mit einem Fachhochschulstudium, 20 Jahren Berufserfahrung, die selbst Kinder großgezogen haben, kurzfristig in einen Lehrbetrieb einzubinden, wenn auf der anderen Seite 23-jährige Lehramtsstudienabgänger ohne soziales Jahr, die bisher lediglich den Schulhofbetrieb und die Uni gesehen haben, in keinem anderen Beruf jemals gearbeitet haben oder Verantwortung für Kinder übernehmen mussten, auf die Kinder losgelassen werden können?

Es ist nicht immer nur die offiziell beurkundete Lehramtsbefähigung, die einen Menschen zum Lehrer qualifiziert. Oder hat jemals ein Abschluss als Erzieher oder ein Theologiestudium oder die Priesterweihe verhindert, dass es Fälle von Missbrauch von Kindern durch derart Beurkundete gab?

Wie der Philosoph Richard David Precht und vor 40 Jahren schon Osho treffend beschrieben haben, benötigen die Schulen immer weniger Fachidioten, Fachwissen liefert das Internet zu Hauf, es werden Coaches benötigt, die die Schüler an die Hand nehmen, coachen, dabei unterstützen, ihr Potenzial zu entfalten, ihnen zeigen, wie Leben funktioniert, wie sie ihre Gedanken und Gefühle wahrnehmen und verändern können. Intuition und Kreativität, Verbindung, Gemeinsamkeit, Zusammenhalt, Respekt gegenüber sich selbst und dem anderen statt Konkurrenzkampf, Jagd nach

Noten, Einhämmern von unnützem Wissen, Entwerten, Benoten und Verurteilen.

Margret Rasfeld, Buchautorin und selbst über 40 Jahre Schulleiterin an einer evangelischen Schule in Berlin spricht von ‚Bulimie-Lernen', das leider an den allermeisten Schulen heute noch wie vor hundert Jahren die Regel ist. Eingehämmertes Wissen ist meist schon wenige Stunden nach einer Klausurprüfung vergessen. Dabei betont sie, dass die Lehrer selbst spüren, dass etwas nicht mehr stimmig ist im Schulsystem, allerdings verlören sie im Alltag des Schulbetriebs den Metablick auf die herrschenden Zustände. Noch immer werde Lernen als Stress statt als freudvolle, begeisternde Angelegenheit empfunden, obwohl Kinder von Natur aus Begeisterung fürs Lernen mitbringen. Der Schulalltag hinterlasse daher bei den meisten Schülern wie Lehrern ein Gefühl von Leere statt Fülle. Grund dafür sei, dass die Würde des Kindes gebrochen werde durch Bewertung, Abwertung, Entwertung, Beschämung oder Kränkung, was geradezu traumatische Auswirkungen auf manche Kinder hat und weit ins Erwachsenenleben hinein wirkt. Rasfeld spricht vom heimlichen Lehrplan, einer Angst-/Scheitern-Kultur, wobei die Erfahrung des Scheiterns auf die Einstellungen und künftige Haltung der Kinder prägend wirke. Schulen seien Beziehungsverhinderungsveranstaltungen durch ständig wechselnde Fachvorträge mit ständig wechselndem Personal.

Es ist kein Zufall, dass in Ländern wie Japan oder Südkorea, die regelmäßig an der Spitze der Pisa-Studie liegen, die höchste Selbstmordrate unter Kindern verzeichnet wird.

Einige Schulen wie die von Margret Rasfeld haben begonnen, den Paradigmenwechsel vom Stoff zum Menschen zu vollziehen, d.h. keine Sortierung mehr nach Leistung, jeder ist ein Genie, wenn er nur sein Potenzial entdeckt. Dabei ist die Wertschätzung des Einzelnen die Quelle der Motivation und nicht die Angst vor Noten. Immer noch haben dreißig Prozent aller Schüler, die zur Schule gehen müssen, Angst!

Es ist die Angst vor Veränderung, die Angst vor Kontroll- und Machtverlust. Immer wieder die Angst, die weitreichende Reformen verhindert.

Wie oft wird in Unternehmen, Schulen, Institutionen, Vereinen und anderen Organisationen Information zurückgehalten, Wissen gehortet, gemobbt, intrigiert, verurteilt und

abgewertet aus Angst, überholt zu werden, die hart er-
kämpfte Position zu verlieren? Welch ein Schaden könnte
vermieden werden und welch ein Gewinn an Effektivität,
Flexibilität, Freude an der Arbeit und damit Lebensqualität
könnte erreicht werden, wenn statt Angst Vertrauen, wenn
statt Konkurrenz das Miteinander gelebt würde. Unsere
Herzen wollen das! Aber unsere Konditionierung durch das
Ego und die Sozialisation durch die Gesellschaft sabotieren
es, - noch. Auch hier könnte ein BGE unendlich wertvolle
Dienste erweisen.

Ich möchte hiermit nur andeuten, dass es weitreichende
Veränderungen geben wird auf allen Ebenen unseres Zu-
sammenlebens, eben auch aufgrund der Tatsache, dass wir
in einer Transformationszeit leben, die nicht nur ein Ende
des Wachstums signalisiert, in der massive Klimaverände-
rungen stattfinden, wir beobachten auch eine zunehmende Bewusstseinsveränderung zumindest in Teilen der Gesellschaft, die bereits unter anderem dazu führt, dass der
Anteil der Bevölkerung explosionsartig wächst, der seine
Ernährung hin zu überwiegend oder ganz vegetarischer
oder veganer Ernährung umgestellt hat oder umstellen
wird. Eine Folge zunehmender Bewusstheit. Es ist nun

wirklich nicht neu, welch fatalen Einfluss die Massentierhaltung, die Fleisch- und Milchindustrie auf die Klimaveränderung, den Ressourcenverbrauch, auf die Entwicklung chronischer Erkrankungen der Menschen, unter anderem auch Krebs-Erkrankungen und damit auf die explodierenden Kosten der Gesundheitsindustrie hat, nicht zuletzt durch den viel zu hohen Anteil von tierischem Eiweiß in unserer Ernährung. Nur Ignoranten und gierige Fleisch-, Milch- und Pharmaindustrie-Lobbyisten können diese Tatsache noch bestreiten. Ganz zu schweigen von dem unerträglichen Tierleid, das nur mit hartgesottenster Ignoranz und Starrsinn übersehen werden kann.

Der Aufschrei von Lobbyisten, Besitzstandswahrern und Experten ist immer dann groß, wenn neue revolutionäre Ideen präsentiert werden, wenn Paradigmenwechsel anstehen, wenn ein aus alten Mustern der Angst, des Misstrauens und Machterhalts verhärtetes Menschenbild hinterfragt wird.

Die Anzahl der Menschen, die aufwachen und bereit sind, ihr Herz zu öffnen, wird den Zeitpunkt und die Geschwindigkeit der Veränderung bestimmen.

DER WAHNSINN EINER AUF PROFIT AUSGERICHTETEN GESUNDHEITSPOLITIK

Völlig verstörend und aus dem Blickwinkel der Liebe und der Herzoffenheit unsinnig stellt sich unser Gesundheitssystem dar, das sich inzwischen zu einem Paradebeispiel für Korruption, Abzocke und Unmenschlichkeit entwickelt hat.

Wenn der Profit und dessen jährliche Steigerung die höchste Priorität bei den Beteiligten innerhalb des aktuellen Gesundheitssytems genießt, stellt sich die Frage, wie gewährleistet werden kann, dass Umsätze und Erträge der Krankenhäuser, Arztpraxen, Krankenversicherungen, Apotheken und natürlich der Pharmaindustrie kontinuierlich ansteigen können. Höchstwahrscheinlich nicht, indem die Gesundheit der Bürger im Mittelpunkt des Interesses steht, was ja zu einer eher gegenläufigen Entwicklung führen müsste, ausgenommen für die Krankenkassen. Das aber heißt, dass dieses System, um Wachstum generieren zu können, immer mehr Patienten benötigt. Die kontinuierlich ansteigenden Milliardengewinne der Pharmaindustrie und die Explosion der Kosten für das Gesundheitssystem lassen beim neutralen Beobachter Schlimmes vermuten. Auch hier geht es nicht darum, einzelne Mitwirkende zu verurteilen, aber es ist doch wichtig, sich klarzumachen, was für ein Spiel hier gespielt wird, und sich zu fragen, ob das Sinn macht und dem Gemeinwohl zuträglich ist?

Um steigende Einnahmen im Gesundheitswesen zu generieren, ist es natürlich wichtig, die Menschen dazu zu bewegen, möglichst viel Geld in die Hand zu nehmen, um ihre Gesundheit vermeintlich zu erhalten. Und womit gelingt dies am allerbesten? Indem Angst geschürt wird. Natürlich ist Aufklärung und Gesundheitsvorsorge wichtig, aber wo endet die sinnvolle Aufklärung und Information und wo beginnt das Schüren von Angst und gleichzeitige Bewerben von Produkten, Medikamenten, die scheinbar der Gesundheit zuträglich sind, und wer bestimmt, was hilft und was schadet?

Dass ein Zuviel an gesättigten Fettsäuren, Transfetten, tierischem Eiweiß, das sauer verstoffwechselt wird, Zucker, Alkohol usw. das Risiko von chronischen Erkrankungen extrem erhöht, ist jedem des Lesens Mächtigen bekannt. Und dennoch: Die Mehrheit ernährt sich unbewusst aus Gewohnheit, weil es die anderen auch tun, weil die Aufklärung halbherzig und nur eine Empfehlung ist, weil selbst die meisten Ärzte von der Wichtigkeit eines ausgewogenen Vitalstoffhaushalts für den Stoffwechsel, für den Darm, den Ursprung der meisten Erkrankungen, schlicht nichts wissen, weil sie in ihrem Studium darüber nichts gelernt haben, weil Prävention über eine gesunde Ernährung für eine profitorientierte Branche kontraproduktiv, dysfunktional ist. Selbst die Deutsche Gesellschaft für Ernährung glaubt nicht an einen Mangel von Vitalstoffen bei einem Großteil der Bevölkerung. Die Regierung hält auch Glyphosat für absolut unbedenklich für den Menschen.

Während früher ein Blutdruck von Lebensalter plus 100 angemessen war, verschreiben die Ärzte heute jedem, dessen Blutdruck 120/90 mmHG überschreitet, Blutdrucksenker. Damit wird ein Großteil der über 40-Jährigen zu einer lebenslangen Kundschaft der Pharmaindustrie. Die der Gesundheit, weil dem Zellstoffwechsel, Gewebe, Darmsystem, Neurotransmitter-, Enzymsystem usw. abträgliche Wirkung von Blutdruck-, Cholesterin-Senkern,

Antibiotika, Analgetika, Cortison oder Psychopharmaka sichert dem System einen berechenbaren Nachschub an Patienten. Das ist auch essentiell für die Planung von entsprechenden Kapazitäten für Forschung und Produktion von Medikamenten, zur Verfügung stellen von Krankenhausbetten, Ausbildung von Spezialisten, d.h. Onkologen, Internisten, Neurologen, Gehirnchirurgen, Experten für die operative Erweiterung von verschlossenen Arterien bei den zahlreichen kardiovaskulären Erkrankungen, bei zu erwartenden zunehmenden Fällen von apoplektischen Insulten (Schlaganfällen), Gehirntumoren, von Demenz, Arthrose, Diabetes, Organversagen, Transplantationen usw.

Schließlich müssen die Baugenehmigungen für die Erweiterung entsprechender hochtechnisierter Klinken bei der zu erwartenden steigenden Zahl von Schwersterkrankten in den nächsten Jahrzehnten rechtzeitig gestellt werden. Wenn diese Kapazitäten dann nicht gebraucht werden sollten, weil die Gesellschaft sich inzwischen neu entschieden haben sollte, nämlich gesund und herzoffen zu leben, sind die jetzt Handelnden längst an ebensolchen Erkrankungen verstorben. Vielleicht könnte man die überflüssig

gewordenen Grundstücksflächen mitsamt den leeren Ge-
bäuden dann ja zu Flughäfen, Freizeitparks oder ähnlichem
umbauen.

Es ist des Weiteren auch kein Geheimnis, dass bis zu 80%
der heute durchgeführten Operationen, z.b. im Bereich der
Bandscheibenoperationen nicht notwendig, ja schädlich
sind. Aber was soll man machen, wenn das Weiterkommen
und damit das Einkommen eines Arztes von der Anzahl
seiner Operationen und nicht von der Qualität seiner
durchgeführten Eingriffe abhängt und die Krankenkassen
bereitwillig auch unnötige Operationen bezahlen, sogar
bezahlen müssen, während sie sich bei der Vorsorge und
alternativen Heilmethoden auffällig zurückhalten.

Die Ausrichtung einer am Gemeinwohl orientierten Politik -
und was anderes als Gemeinwohl orientiert sollte Politik
im Auftrag der Menschen sein - muss lauten: Aus einer
profitgierigen und von der Pharmaindustrie gesteuerten
Gesundheitspolitik, die die Krankenhäuser, Alten- und
Pflegeheime füllt und chronische Krankheiten geradezu
kultiviert, um den Goldesel am Kacken zu halten, hin zu
einer Gesundheitspolitik, deren Ziel es ist, Krankenhäuser
und Pflegeheime von Endstationen und Geld-

saugmaschinen in vorübergehende Notfallstationen für Ausnahmesituationen zu verwandeln, sie möglichst überflüssig zu machen.

Dabei müssen Gemeinden bzw. Krankenhäuser mit einer geringen Auslastung ihrer Betten besonders gefördert werden! Wie kann es denn sein, dass ausgerechnet diejenige Industrie die Forschung an Medikamenten finanziert, deren einziges Interesse darin besteht, möglichst viel Umsatz mit diesen Medikamenten zu erzielen, für deren Einsatz die Anzahl der Neuerkrankungen im Indikationsgebiet des jeweiligen Medikaments hoch gehalten bzw. möglichst gesteigert werden sollte! Die Milliardengewinne und Gewinnabsichten der nächsten Jahre stehen diametral im Widerspruch zu einem medizinischen Fortschritt, der tatsächlich hin zu einer gesünderen Gesellschaft führt. Alles, aber auch wirklich alles ist ausgerichtet auf eine zunehmende Patientenanzahl, besonders auch im intensivmedizinischen Bereich, in der Onkologie oder im Bereich der kardiovaskulären Erkrankungen. Das Ziel der Krankenhäuser ist jeweils die Steigerung der Anzahl der intensivmedizinischen operativen Eingriffe, des Einsatzes von lebenserhaltenden Maßnahmen wie künstliche Ernährung oder künstliche Beatmung, für die wahnwitzige Kosten abgerechnet werden. Das alles zeugt von einer Politik der Angst und hat mit Liebe nichts zu tun, hat mit Gemeinwohl nichts zu tun. Mittlerweile werden Chefarztbehandlungen in Krankenhäusern abgerechnet, für die nicht einmal das Aftershave des Chefarztes den Weg an das Bett des Patienten gefunden hat. Diese Politik muss gestoppt werden. Es liegt ganz bei uns. Ärzte und Ärztinnen, Pfleger und Pflegerinnen und Krankenhäuser sollen nicht dazu genötigt werden, bei der Behandlung erkrankter Menschen an den Profit, den Gewinn der Pharmaindustrie oder des Krankenhauses zu denken, sondern sich darauf konzentrieren können, Menschen in einer schwierigen Lage zu helfen, gesund zu werden und wieder Freude am Leben zu haben, um wiederum ihren Beitrag in einer Gemeinschaft leisten zu können.

Ärztinnen und Ärzte, die ihren Beruf, sich selbst und die Menschen lieben, verurteilen nicht jeden alternativen Heilberuf als Quacksalbertum oder werten diesen ab, sondern handeln bei jedem Patienten bedacht und individuell, wägen die Möglichkeiten der Allopathie mit den Möglichkeiten alternativer Heilmethoden, der Osteopathie, der

Physiotherapie, Psychotherapie, Homöopathie und Traditionellen Chinesischen Medizin oder der orthomolekularen Medizin ab. Sie sehen die Verbindungen, Synergien und Chancen, bevor sie die Pharmakeule schwingen bzw. chirurgische Eingriffe verordnen, die als letzte Konsequenz notwendig werden, aber letztlich immer das Symptom bekämpfen und nie der ganzheitlichen Heilung dienen können.

Prof. Dr. Andreas Michalsen, der Spiegelbestsellerautor (Mit der Kraft der Natur) und Chefarzt der Naturheilkunde in Berlin sagt im Exklusivinterview mit Rüdiger Dahlke, dass mit der richtigen, nämlich überwiegend veganen Ernährung, Fasten, Meditation und Yoga 90 % der chronischen Erkrankungen vermieden werden können. Wie so oft wertet meist derjenige eine Sache ab bzw. zieht sie ins Lächerliche, der selbst nichts von ihr versteht und Angst davor hat. So wollen Teile der Ärzteschaft und natürlich immer wieder die Pharmaindustrie am liebsten den Heilpraktiker verbieten, die Homöopathie abschaffen und alles, was nicht durch sogenannte wissenschaftliche (meist von der Pharmaindustrie finanzierte) Studien offiziell untermauert ist, rundweg kriminalisieren. Auch dies ist ein unbewusster Akt der Angst und Verurteilung.

Mit den Mezis, einer Initiative unbestechlicher Ärztinnen und Ärzte hat sich seit 2007 eine Gruppe von Medizinern etabliert, die sich von der Pharmaindustrie und deren Einflussnahme auf Fortbildung und Medikamentenverschreibung unabhängig machen und der weit verbreiteten Korruption im Gesundheitswesen entgegenwirken möchten. Der Name ist dabei Programm: Mezi bedeutet „Mein Mittagessen bezahle ich selbst", inspiriert durch die US-Bewegung www.nofreelunch.org. Diese mutigen Ärztinnen und Ärzte haben es sich nicht leichter gemacht, aber sie handeln bewusst und folgen ihrem Herzen.

WAS FÜHRT ZU EINER KÖRPERLICH KRANKEN GESELL-SCHAFT?

Psychostress, mangelnde Bewegung, falsche Ernährung, Umweltverschmutzung jeglicher Art wirken auf die psychische und physische Gesundheit ein. Neben Umwelt und Ernährung ist die Psyche der entscheidende Einflussfaktor für einen gesunden Körper und ein glückliches, erfülltes Leben. Und dabei gilt: Je schwächer der Körper, desto stärker die Macht der Psyche in der Steuerung und Erhaltung der Körperfunktionen. Das gilt natürlich sowohl für positive wie auch für negative Emotionen und Gedanken. So wird Energiemangel des Körpers aufgrund von Über- bzw. Unterversorgung mit Vitalstoffen z.B. infolge falscher Ernährung, d.h. ein schwächelnder Stoffwechsel, angegriffene Zellmembranen durch Stress, Angst und Druck weiter verstärkt.

Die hochintelligente Funktionsautomatik der Medulla oblongata zur Steuerung des Vegetativums, der Muskulatur, des Parasympathicus, Sympathicus, der Atmung, der Hypophyse, des Hypothalamus, wird mehr und mehr abgebaut. Angst, Druck und Stress, Gedanken wie ,ich bin nicht gut genug, ich muss kämpfen, mehr machen, leisten', sind mitverantwortlich für massive körperliche Funktionsstörungen. Deshalb ist die Psychohygiene so wichtig, aber interessanterweise in der Gesellschaft noch immer unterschätzt. Honi soit qui mal y pense.

Die Leistungsgesellschaft feiert den, der dem Druck standhält, sich durchsetzt im Kampf um Geld und Macht um jeden Preis, auch auf Kosten der Gesundheit. Wir verzeichnen gerade in der westlichen Gesellschaft, die sich der besten Gesundheitsversorgung und der am besten ausgebildeten Ärzte rühmt, einen Anstieg an chronischen Erkrankungen: Krebs, Herzinfarkt, Schlaganfall, Arthritis, Migräne, Asthma, Heuschnupfen, Magen-Darmerkrankungen, Multiple Sklerose, Parkinson, Diabetes, Demenz, aber auch Burnout, Depressionen, Angststörungen und Neurosen aller Art nehmen immer mehr zu. Klingt wie ein Versprechen für die Pharmaindustrie!

Psychohygiene bedeutet Kontemplation, Meditation, Innenschau, Achtsamkeit, bewusstes Wahrnehmen von Gefühlen und Gedanken und deren Annahme und Transformation. Wie wichtig Psychohygiene ist, haben wir jetzt doch langsam begriffen. Dass der Körper Bewegung braucht, um seine Stresshormone abzubauen, ist unbestritten und in einer polaren Welt wird es immer wieder zu Stress- und Angstsituationen kommen, die reguliert werden müssen. Ebenso ist eine richtige Atmung wichtig, denn über sie wird nicht nur der Sauerstoff im Organismus verteilt, sie ist auch enorm wichtig für einen guten Energiestoffwechsel und die Entsäuerung des Körpers. Die Atmung reguliert Stress, Herzfrequenz, sorgt für Zentrierung und Entspannung, unterstützt Achtsamkeit und Meditation und damit die Innenschau, inneres Wachstum.

Und die Ernährung wird dem Bewusstsein folgen, denn wer sich erst einmal bewusst gemacht hat, was für einen Mist wir in den letzten 50 Jahren in uns hineingestopft haben und viele immer noch hineinstopfen, der wird, wenn er sich selbst und seinen Körper nur ein bisschen wertschätzt, damit aufhören. Das ist ein ganz natürlicher psycho- und physiologischer Prozess. Der Körper reagiert sowohl auf die Psyche wie auf die Ernährung prompt.

DIE RATLOSIGKEIT DER POLITIK

Wie bereits erwähnt, leben wir in einer Zeit der dramatischen Zuspitzung von Zuständen und Entwicklungen in all den zuvor bereits erwähnten Bereichen des öffentlichen und privaten Lebens: In der Innen- und Außenpolitik, in der Erziehung, Schule, Studium oder Ausbildung. Wir beobachten eine scheinbar undurchdringliche Komplexität, Starre und allerorten Reformstaus in der Renten-, Steuer-, Finanz- oder Gesundheitspolitik, eine zunehmend ungerechte Verteilung von Vermögen zuungunsten der Kapitallosen und gleichzeitige Explosion des Vermögens der Kapitaleigentümer. Kriminalität, Radikalisierungen, Gewalt und religiöser Fanatismus nehmen ebenso zu. Eine Jahrzehnte lang halbwegs funktionierende Parteienstruktur zerfällt nicht nur in Deutschland, nicht nur in Europa. Der angeblich mächtigste Mann der Welt hält gegenwärtig Hof im Weißen Haus in Washington und macht den Eindruck eines kleinen wütenden Jungen, der die Folgen seines Handelns noch nicht oder nicht mehr überblicken kann.

Das ist kein Zufall. Er hält uns den Spiegel vor und sagt: Schaut her, ihr habt mich gewählt. Ich bin euer Mann! Es ist ein bisschen traurig, dass das Ganze solch groteske Ausmaße annehmen musste und noch immer bei den meisten Menschen offenbar der Groschen nicht fällt. Auch die Politiker in Deutschland haben es noch nicht gemerkt; natürlich nicht, schließlich sind auch sie der Spiegel unserer Gesellschaft hier in Deutschland und in Europa. Ich habe bereits erwähnt, dass die alten Reflexe des Verurteilens nicht mehr zielführend sind in der Transformationszeit. Transformation bezeichnet einen Übergang in eine neue, und ich meine nicht eine ein bisschen geschönte, manipulierte, leicht modifizierte, drüber geschminkte alte Form der Gesellschaft, der politischen Handlungsdirektiven, sondern wirklich eine neue Zeit.

Mit neu ist gemeint, dass nur eine Politik, die nicht angstgetrieben ist, sondern auf Liebe, Vertrauen und Mitgefühl basiert, auf der Verbundenheit aller Menschen, Altes überwinden und die Voraussetzungen schaffen kann, dass sich die Dinge in einem für die Menschen freudvollen, friedlichen Sinne fügen können. Dann verschwinden all die aus Hass, Ohnmacht, Verurteilung, Neid und Kleinheit hervorgebrachten Missstände, die jetzt noch da, aber nicht mehr überlebensfähig sind, ganz von alleine.

Es ist mir ganz besonders wichtig, noch einmal zu betonen, dass ich hier nicht von einem Umsturz von Machtverhältnissen, einer Revolution im althergebrachten Sinne spreche, die wieder einmal aus ehemals Unterdrückten neue Unterdrücker werden lässt, es geht hier um den Paradigmenwechsel in Bezug auf den Maßstab des Handelns der politischen Akteure, der bisher in allen Zeiten von Angst, Kontrolle und Misstrauen geprägt war, hin zu Vertrauen, Mitgefühl und Liebe. Auch wenn sich das für den einen oder anderen sozialromantisch anhören sollte: Die Zeit ist jetzt reif, auch für Starrköpfe.

Wie ist es denn bestellt um die politisch Handelnden in Deutschland? Wenn man die Menschen fragt, zucken sie entweder mit den Schultern, weil sie gar keine Identifikationsfiguren mehr ausmachen können, andere bleiben aus Sorge um ihre Pfründe bei dem, was sich doch halbwegs bewährt hat oder sie wählen aus wütendem Protest eine Wutpartei, die alles und jeden verurteilt, nur blind ist gegenüber der eigenen verletzten Seele. Und dann gibt es noch die Wachstums-Neoliberalisten, die Fortschrittsanbeter, Produktions-, Umsatz- und Gewinnsteigerungsfanatiker, Digitalisierungsfixierte, Ellbogenentzündete und Leistungsanbeter und diejenigen mit den offenen Armen für das Leid der Welt, die Weltenretter und die, die sich immer auf die Seite der Schwachen, früher der Arbeiter, heute der Arbeitslosen, Abgehängten usw. stellen und das Kapital verteufeln. Hab ich jemanden vergessen, fühlt sich jemand vernachlässigt? Ich glaube nicht, denn all die anderen, die in dieser Theateraufführung keine Aktien mehr haben, die staunend davor stehen, die sind in keiner der etablierten Parteien zu finden, die sind unsere große Hoffnung.

Ich möchte keinem der heute politisch Aktiven unterstellen, nicht das Beste zu wollen und nicht mit vollem Einsatz für seine/ihre jeweiligen Überzeugungen zu kämpfen, aber ich beobachte, dass bei all dem, was an politischen Errungenschaften der letzten Jahre zu bezeugen ist und was die Politiker in Talkshows oder auch im Parlament beizutragen haben, empfindlich auffällt, dass die Akteure immer den anderen, den politischen Gegner, diffamieren, zumindest aber scharf verurteilen und den eigenen Beitrag selbstverständlich als den einzig richtigen Weg, mit der jeweiligen eher nebensächlichen Thematik umzugehen, bezeichnen. Auffällig dabei ist auch, dass hinsichtlich der überwiegenden Mehrheit der zu diskutierenden Themen anscheinend über alle Parteigrenzen hinweg die gleichen Ziele und Visionen vorherrschen: Wohlstand und Gesundheit für alle, Arbeit für alle, Frieden, Freiheit, freie Presse- und Meinungsäußerung, eine gerechte Justiz, Sicherheit und selbstverständlich eine blitzsaubere Umwelt.

Aus Angst, übervorteilt zu werden, womöglich von irgendeinem Kuchen weniger abzubekommen, überrannt, abgehängt zu werden, Macht zu verlieren usw., entscheidet man sich dann doch für höchst unterschiedliche Wege, um das angepeilte Ziel zu erreichen. Denn der politische Gegner ist böse, verfolgt in Wahrheit doch ganz andere Absichten und lügt ununterbrochen wie gedruckt bzw. sagt die Unwahrheit, das klingt etwas milder, man ist ja kein Unmensch. Und da sind wir wieder beim verletzten inneren Kind, das gerade die so Leistungsstarken der Gesellschaft antreibt. Über das Ego wird ihnen kontinuierlich eingetrichtert, dass sie nicht genügen, dass sie aufpassen müssen, dass sie kämpfen müssen.

Angesichts einer weiteren politischen Dimension klingt das eben Geschilderte wie politisches Puppentheater. So beschreibt der Historiker und Friedensforscher Dr. Daniele Ganser den bei den meisten Menschen völlig unbekannten Tiefen Staat. Damit ist der Staat im Staat gemeint, d.h. die vorwiegend von den Geheimdiensten und anderen nicht-öffentlichen Vereinigungen der Regierungen und Finanzeliten der mächtigen Staaten bezeichnete Einflussgröße der Politik, die dafür sorgt, dass das Angst-Szenario aufrechterhalten wird, das die von vielen Politikern beschworene Alternativlosigkeit z.B. der Globalisierung oder des marktradikalen Neoliberalismus untermauert.

Basis für die Handlungen des Tiefen Staates sind Macht, Gier und natürlich die Angst vor Verlust von Macht. Aus dieser Angst heraus wurden weltweite geostrategische Ziele und deren kompromisslose Durchsetzung definiert. Die Ziele von weniger als einem Prozent der Erdbevölkerung seien gegen den Gedanken der ‚Menschheitsfamilie‘, wie Ganser es formuliert, und führen zu Spaltung durch Aufrechterhaltung der Angst, wofür jedes Mittel recht zu sein scheint.

So exekutieren die unterschiedlichsten Geheimdienste den Tiefen Staat bis heute mit Hilfe von Terror, Putsch, Waffengeschäften und auch sogenannten militärischen ‚False Flag'- Aktionen, d.h. z.b. Bombardierungen von Einrichtungen oder Staaten unter falscher Flagge, um Kriege anzuzetteln, Regierungen zu stürzen, gefällige Despoten an die Macht zu bringen usw. Historiker und Friedensforscher wie Ganser und investigative, mutige Journalisten belegen dies in ihren akribisch recherchierten Büchern, die jedem offen stehen. (Patrik Baab: Im Spinnennetz der Geheimdienste; Daniele Ganser: Illegale Kriege, Nato-Geheimarmeen in Europa)

Durch derart geschaffene Angst-Szenarien der Bedrohung von außen, Knappheit, Kampf um Ressourcen, religiösen Fanatismus usw. werden die Regierungen aller Länder ermächtigt, eine neoliberale Politik der Entfremdung und Entsolidarisierung zu betreiben. Sie liefern den regierenden Politikern Argumente, warum der Bürger z.B. den Gürtel immer enger schnallen müsse.

Die Gesellschaft, die Menschen werden so in eine Ellbogengesellschaft getrieben, die sich am Konkurrenzkampf aufreibt, anstatt sich zu solidarisieren. Auch an der Griechenlandkrise wird deutlich, wie die Menschen manipuliert werden. Während die Finanzminister vor der EU-Bevölkerung die Rettung der griechischen Rentner und die Solidarität in Europa proklamieren, geht es ihnen in Wahrheit um die Rettung der Banken und damit des existierenden Finanzsystems und dessen Profiteuren und Anteilseignern. Der gezielte Einsatz von Angst, Verurteilung und Schuldzuweisung und damit Spaltung in der Gesellschaft bei gleichzeitiger Sozialstaatsmentalitäts-Bekundung und geradezu beschämenden Betroffenheitsbekenntnissen halten den mit Konsum, Arbeit und täglichem Überlebenskampf beschäftigten und mit Brot und Spielen unterhaltenen gutgläubigen Bürger noch bei der Stange. Gleichzeitig treibt die zunehmende Angst, Wut und gefühlte Ohnmacht sowie die Entsolidarisierung mit denen, die nicht so gut funktionieren, immer mehr Menschen in radikale Organisationen.

Wie wir wissen, neigen die Menschen aufgrund ihrer eigenen Verstrickungen, dem Unfrieden mit sich selbst dazu, Wut und Selbsthass auf die nächst gelegenen, von ihnen ausgemachten Sündenböcke zu projizieren. Bei den besonders Unbewussten kann das auch brauner Korpsgeist sein. Das erleben wir zur Zeit in Teilen der Bevölkerung.

Und dennoch: Es wächst die Sehnsucht nach Frieden, nach einer neuen Politik, neuen Politikern. Immer mehr Menschen erkennen, dass die alten politischen Handlungsdirektiven alte Muster zusammenbrechen lassen. Immer mehr Menschen entdecken ihre Herzen und beginnen nach Innen zu schauen auf der Suche nach Antworten.

Sie klären ihre eigenen Themen, ihren eigenen Unfrieden und integrieren abgegebene Anteile ihrer verletzten inneren Kinder, kommen in ihre Kraft, werden erwachsen und handeln und denken aus einer Position der Selbstwertschätzung, Selbstliebe heraus. Sie entdecken, dass sie verantwortlich und frei sind und unabhängig, und sind sich ihrer Verbindung mit allem bewusst, handeln bewusst und urteilsfrei.

Die Menschen werden diejenigen erkennen und ihnen folgen, die dem Leben vertrauen, deren Ideen und Visionen von Mitgefühl und Vertrauen statt von Mangel und dem Schüren von Angst bestimmt sind.

Für mich gibt es weder eine ‚reine Lehre' noch ‚die Wahrheit'. Vielmehr existieren so viele Wahrheiten wie Seelenanteile oder Menschen auf diesem Planeten. Entscheidend ist doch, dass jeder Mensch seine eigene Wahrheit lebt, und diese Wahrheit finden wir, wenn wir nach Innen gehen, denn nur unser Herz kennt unsere Wahrheit. Osho sagte einmal: „Spiritualität bedeutet die Wahrheit in sich selbst zu finden und es nicht anderen zu überlassen." Wahrhaftig zu sein, bedeutet, die Bereitschaft, der Stimme deines Herzens zu folgen, das zu tun, was sich stimmig anfühlt, und jeden Verrat am eigenen Herzen zu vermeiden. Das bedarf einer lebenslangen Suche; immer wieder nach der Wahrheit suchen, und da, wo wir unsere Wahrheit noch nicht gefunden haben, dürfen wir weitersuchen, mit einem offenen Herzen, neugierig, achtsam, urteilsfrei.

Manche Menschen, die sich selbst misstrauen oder Angst vor der Selbstverantwortung haben, suchen nach Orientierung und finden ihre Wahrheit, zumindest vorübergehend, in einer institutionalisierten Religion wie dem Christentum, dem Islam, Judentum, Buddhismus, Hinduismus und anderen Religionen oder sie folgen einem Guru, - oft ein Ersatz für die Wahrheit des eigenen Herzens, für Selbst-Verantwortung. Sie erhoffen sich ihre Absolution von der Kirche, ihrer Religion, indem sie gehorchen. Und das ist ok, solange diese Orientierung sich nicht verwandelt in fanatische Zugehörigkeit, die in die Verurteilung oder gar Verfolgung und Unterdrückung Andersgläubiger und Andersdenkender mündet, wie wir es immer wieder erlebt haben und noch erleben. Denn dann kippt die Religiosität wieder in Eitelkeit, Egoismus und Scheinheiligkeit, dann wird aus Verbindung Trennung und der lose Kontakt zum wahren Selbst, das keine Trennung kennt, reißt wie auch die Verbindung zum eigenen Herzen, denn wer in der Lage ist, seinem Herzen zu folgen, ordnet sich niemand anderem unter.

Es ist ja so eine Sache mit den Welt-Religionen. Sie haben zu allen Zeiten unendlich viel Leid unter die Menschen gebracht und so auch heute, nicht nur, wenn wir in den Nahen Osten schauen, wo immerzu im Namen der Religion, gebombt, gemordet, diskriminiert und verurteilt wird. Schon immer haben sich die Kirchen, die Religionen mit ihren Institutionen zwischen Gott und den Menschen gestellt, schon immer haben sie versucht, den Menschen einzureden, dass der Weg zu Gott nur über die Religion führen kann, dass ausschließlich der jeweilige Priester durch die Sakramente Absolution erteilen kann. Sie haben Unnachgiebigkeit, Härte und strenge Gebote gepredigt, wenn es darum ging, die Menschen zu kontrollieren und in Abhängigkeit zu halten und ihre eigene Macht zu erhalten. Dahinter steckte Gier, Angst vor Machtverlust und purer Egoismus.

Bis heute wird die ursprünglich gemeinsame Idee aller Religionen, das, was alle Religionen im Inneren verbinden könnte, nämlich einen Weg zu Gott zu finden, missbraucht und Trennendes wird in den Vordergrund gestellt durch vage Auslegung der ,heiligen' Schriften, um Menschen gegeneinander aufzuhetzen.

Das alles hat mit Liebe nichts zu tun, hat mit Gott nichts zu tun. Gott ist Liebe, ist Verbindung, nicht Trennung. Gott kennt keine Gebote, keine Urteile, keine Sakramente, das sind Erfindungen von Menschen, die dazu einladen, missbraucht zu werden.

Wenn es dir gelingt, die Trennung aufzuheben, dein Getrennt-Sein in deinem vollständigen und totalen Sein dessen, der du bist, aufzulösen, also deine Wahrheit zu leben, dann verschwindet die Angst und dein Ego verliert alle Macht. Nur eine egoistische Gesellschaft ist empfänglich für eine Massenpsychose, in der der Einzelne seine Ängste in der Masse vorübergehend verschwinden lassen kann.

Als ich verstanden hatte, - und zwar mit dem HERZEN und nicht mit dem Kopf - wie das Leben funktioniert und dass ich nicht falsch bin oder minderwertig, wie uns vielleicht unser vom Ego dominierter Verstand einreden möchte, da hat mein Leben von neuem begonnen und seitdem versuche ich, wahrhaftig, der Wahrheit meines Herzens folgend, zu leben.

Es war wie das Drücken eines Reset-Buttons. Das Ende der Schuld, Schuldigsprechung, Anklage und Selbstanklage. Ich bekam wieder Luft zum Atmen. Zu verstehen, dass ich der Schöpfer meines Lebens und damit Selbst-Verantwortlich bin, ist auf der einen Seite ernüchternd, andererseits aber befreiend, denn ich erkannte den Sinn dahinter, dass ich in diesem Leben die Aufgabe mitbekommen habe, aus alten Mustern der Schuld, Selbstverurteilung, Kleinheit herauszutreten, das Nein zum Leben in ein Ja zum Leben zu verwandeln. Es war keine Entscheidung und alles war gut. Die Richtung veränderte sich. Ich bin jetzt auf dem Weg und versuche, meinem Herzen zu folgen, höre nicht mehr auf ‚gut gemeinte', verkopfte Ratschläge. „Du solltest", „du müsstest aber", „hast du schon?". Mein Umfeld versteht mich nicht immer und ich zweifle noch manchmal, wenn das Außen hinterherhinkt. Aber ich habe meine Selbstachtung wiedergewonnen und damit auch die Achtung, den Respekt allen Menschen gegenüber, auch wenn diese sich irren und im höchsten Maße unbewusst daherkommen, d.h. vielleicht sogar gestoppt werden müssen, weil ihre Aktionen gegen die Liebe sind, wie bei einigen Akteuren, die ich in diesem Buch erwähnt habe.

Es geht nicht um den Erfolg im Außen, den materiellen Reichtum, den Konsum, auch wenn er uns immer wieder zuwinkt und uns lockt. Worum es geht, ist die innere Haltung, die Grundausrichtung. Tue ich etwas bewusst oder unbewusst? Bin ich mir bewusst, wodurch meine Handlungen, Worte, Gefühle gesteuert werden? Bin ich in der Lage, meine Gedanken zu beobachten oder werde ich gesteuert vom verletzten inneren Kind, das noch verstrickt ist?

Ich hatte die Verbindung zu diesem inneren Kind einst verloren, denn ich war nie wirklich Kind und so fehlte mir Urvertrauen, Selbstvertrauen. Ich habe mich im Gefühl von Kleinheit und Minderwertigkeit immer hinten angestellt, versuchte mit Bescheidenheit Liebe zu kaufen. Das funktioniert nicht gut. Wer selbstlos ist, wird sein Selbst los, denn das Ego nährt sich daraus und redet dir beständig ein, dass du nicht genügst.

Wie der Ich-Bezogene von der Angst getrieben ist, zu kurz zu kommen und zu viel Raum beansprucht, so gebricht es der Bescheidenheit an Selbstbewusstsein. Sie überlässt ihren Raum den anderen in der Hoffnung, dafür geliebt zu werden und ist enttäuscht, wenn die Belohnung ausbleibt.

Bewusstheit und Achtsamkeit hilft uns, das zu erkennen und in die innere Balance zurückzufinden. Das erlaubt uns, klar und urteilsfrei zu handeln und das wahrzunehmen, was ist.

Zu vertrauen, wenn du dich sicher fühlst, hat mit Vertrauen nichts zu tun

Zu lieben, wenn der andere dich liebt, hat mit Liebe nichts zu tun

Vertrauen entsteht im Bewusstsein, dass das Leben unsicher ist.

Liebe erwächst aus der Selbstliebe und ist bedingungslos.

Freude kommt aus deinem innersten Wesen und ist der natürliche Zustand aus Liebe und Vertrauen.

Es geht nicht darum, alles zu erfassen, alles zu wissen, das ist neurotisch und lächerlich. Du musst dein Thema finden, das, was dich ausmacht, was in dir steckt und gelebt werden möchte.

N iemand heilt dich. Therapeuten und geistige Lehrer können Räume öffnen, Impulse geben, Spiegel sein, Wege aufzeigen. Gehen musst du selbst.

Die Schlüssel für inneres Wachstum liegen in der Selbst-Verantwortung, im Bewusst-Sein, in der bedingungslosen Liebe und im festen Willen, alle Urteile überprüfen und Frieden machen zu wollen.

Wenn du dich dafür entscheidest, den Weg nach innen einzuschlagen, inneres Wachstum anzustreben, dann bedeutet das, einen Weg der Achtsamkeit zu gehen. Sei motiviert, alles, was in deiner Macht steht, zu tun, um bewusster und achtsamer durchs Leben zu gehen. Achtsamkeit ist eine innere Haltung, die einer starken inneren Motivation und der Bereitschaft zu Authentizität und Wahrhaftigkeit bedarf, einer Herzensentscheidung, damit ihre Wirkung nicht im Sich-Bemühen verpufft. Es ist ein Weg, der dich zweifeln lassen wird, wieder und wieder, aber er eröffnet letztlich Räume und liefert dir Werkzeuge, das Leben mit all den Lektionen, die es bereithält, anzunehmen und dabei du selbst zu bleiben. Nur, wenn du achtsam und wahrhaftig bist, wirst du unterscheiden können, ob du aus der Annahme dessen, was ist, lebst und deinen Weg gehst oder ob deine Handlungen geprägt sind vom lähmenden Widerstand gegen das Unvermeidliche, das bereits eingetreten ist.

Nur wer bewusst ist, hört die Stimme des Herzens, dem Tor zum Höheren Selbst, das einzig deine Bestimmung kennt.

Du bist frei von Schuld und so sind alle, die dir begegnen, frei von Schuld, denn wir haben zu jeder Zeit unser Bestes gegeben. Mehr war nicht drin. Dein Herz weiß das, dein Verstand nicht. Er ist blind. Folge deinem Herzen, wenn du seine Stimme hören kannst. Es führt dich näher zu deiner Essenz, dahin, wo Stille herrscht, Freude, vollkommener Einklang mit dem, was ist, dem Ja zum Leben und dem Ja zum Tod, denn es weiß, dass du ewig bist.

DIE OHNMACHT DER KINDHEIT HINTERLÄSST WUN-
DEN, IN DIE DAS LEBEN IMMER WIEDER HINEINSTICHT BIS
DU SIE HEILST.

MACHE DIR DEINE WUNDEN BEWUSST UND SIE BE-
GINNEN ZU HEILEN, GANZ VON ALLEINE,

WIE DAS LICHT DIE DUNKELHEIT VERSCHWINDEN
LÄSST.

OSHO

Herzzeitwende ist weder ein Ratgeber noch ein Leitfaden für das richtige oder falsche Leben.

Vielmehr soll es den Leser anregen, Fragen zu stellen, Gedanken, Worte und Handlungen zu überprüfen, nach Innen zu schauen, Kontakt zum Herzen herzustellen und auf die innere Stimme zu hören.

Die Vision ist eine Welt, in der sich die Menschen ihrer inneren Verbindung durch die Liebe bewusst werden und sich leiten lassen von der Stimme des Herzens, bereit, Vergangenes loszulassen. Eine Welt ohne Verurteilung und Missgunst. Eine Utopie, vor deren Verwirklichung wir jetzt stehen.

Das Buch möge als Multiplikator der Herzzeitwende dienen

LOTHAR OBRECHT

QUELLEN- UND LITERATURHINWEISE

❖ Osho: Mut; Lebe wild und gefährlich; Angst; Bewusstsein; Das Buch der Kinder

❖ Hermann Hesse: Glück

❖ Kurt Tepperwein: Die geistigen Gesetze

❖ Willigis Jäger: Die Suche nach dem Sinn des Lebens

❖ Safi Nidiaye: Die Stimme des Herzens

❖ Deepak Chopra: Das Buch der Geheimnisse

❖ Neale Donald Walsh: Was wirklich wichtig ist

❖ Franz Ruppert: Symbiose und Autonomie

❖ Benjamin Stuckrad-Barre: Panikherz

❖ Markus Imboden: Der Verdingbub

❖ Rüdiger Dahlke, Thorwald Detlhefsen: Krankheit
   als Weg

❖ Christiane Beerland: Der Schlüssel zur Selbstbe-
   freiung: Lebensphilosophie für ein gesundes,
   glückliches Leben.

❖ Enzyklopädie der Psychosomatik

- ❖ Armin Risi: Ihr seid Lichtwesen

- ❖ Robert Betz: Raus aus den alten Schuhen

- ❖ Lexikon der Psychologie (Spektrum Akademische Verlag GmbH Heidelberg, 2001)

- ❖ Gerald Hüter: Jedes Kind ist hochbegabt

- ❖ Markus Krall: Der Draghi-Crash

- ❖ Ernst Wolff: Der Finanztsunami

- ❖ Richard David Precht: Anna, die Schule und der Liebe Gott

- ❖ Patrik Baab: Im Spinnennetz der Geheimdienste

- ❖ Daniele Ganser: Illegale, Kriege, Nato-Geheimarmeen in Europa

- ❖ Niko Paech: Befreiung vom Überfluss: Auf dem Weg in die Postwachstumsökonomie

- ❖ Rainer Mausfeld: Warum schweigen die Lämmer, Fassadendemokratie und Tiefer Staat

Mein Dank

geht an meine beiden Brüder Andreas und Oliver für das unendlich wertvolle Lektorat, an meine Frau Ingrid für die Gestaltung des Cover-Designs, ihre Geduld und Toleranz mit mir, unsere Tochter Paulina, die uns daran erinnert, dass wir die Fähigkeit zur bedingungslosen Liebe besitzen, meine Mutter, die immer für uns da war und ist und meinen Vater, der viel Leid auf sich genommen hat, um mir einen neuen Weg zu ermöglichen.

Bochum, im Oktober 2018